Du même auteur, aux éditions Tut-tut

Je lis les grands philosophes aux toilettes, 2017.
Une année de culture générale aux toilettes spécial quiz, 2016.
80 Nouvelles leçons de culture générale aux toilettes, 2016.
Déjouer les pièges de la langue française aux toilettes, 2016.
100 romans à avoir lus aux toilettes, 2016.
Je révise l'histoire de France aux toilettes, 2016.
Je révise mon orthographe aux toilettes, 2015.

Tut-Tut est une marque des éditions Leduc.s. Découvrez la totalité du catalogue Leduc.s et achetez directement les ouvrages qui vous intéressent sur le site :
www.editionsleduc.com
Retrouvez toujours plus de blagues et d'histoires drôles sur notre page facebook :
www.facebook.com/EditionsTutTut

Ce livre est une réédition de *Je révise ma culture générale aux toilettes*, 2014

Illustrations : Fotolia

29 boulevard Raspail
75007 Paris – France
ISBN : 978-2-36704-224-4

PAUL SAEGAERT

2'33" POUR *booster* MA CULTURE GÉNÉRALE

aux toilettes, sous la douche, en mangeant une madeleine de Proust...

TUT-TUT

« La culture générale, moins on en a, plus on l'étale. »
Le premier livre pour étaler un fond de pot sur plein de tartines !

Avant-propos

En février dernier, la question « Peut-on tout apprendre en 2 minutes 33 ? » a été posée aux membres du comité éditorial de la prestigieuse Tut-tut université de Paris. Les membres ont répondu par l'affirmative et ont décidé à l'unanimité du lancement d'un nouvel ouvrage sur la culture générale.

Le comité a toutefois demandé à ce qu'un vent nouveau souffle sur ce thème. Dans ce recueil, vous ne trouverez pas les habituels faits de culture générale ennuyeux sortant d'un doctorat de lettres classiques ou de physique théorique.

Au contraire, ce livre est rempli de connaissances passionnantes qui le plus souvent se cachaient dans nos vies quotidiennes. Un savoir qui ne demandait qu'une petite étincelle pour que vous le découvriez enfin. Au fil de votre lecture, vous allez constater que l'intelligence et la connaissance sont là où on ne les attendait pas, dans les prénoms des tortues Ninja et dans les yaourts La Laitière par exemple. Vous découvrirez de nombreuses choses que vous saviez mais sans savoir que vous le saviez et que vous allez bientôt savoir en sachant que vous le savez. Quelques grosses surprises vous attendent. Lors de votre lecture, nous garantissons que vous serez plusieurs fois aussi surpris que le

Bourgeois gentilhomme qui s'exclamait « Par ma foi, il y a plus de quarante ans que je dis de la prose sans que j'en susse rien, et je vous suis le plus obligé du monde de m'avoir appris cela*. »

Le comité éditorial de la Tut-tut université de Paris a en plus imposé une vision nouvelle de la culture générale, une approche totalement décomplexée. La remarque très désagréable « La culture générale, c'est comme la confiture, moins on en a, plus on l'étale » a empêché beaucoup d'entre nous d'étaler leurs connaissances. La raison : une trop grande modestie ! Le comité éditorial de la prestigieuse Tut-tut université de Paris pense, lui, que la culture générale est faite pour s'étaler sur un maximum de biscottes. Ses membres sont convaincus qu'elle ne doit pas être gardée pour soi mais au contraire être mise en avant, s'utiliser à la moindre occasion pour écraser son chef, son ex ou sa belle-mère, pour laminer ses amis au Trivial Pursuit, pour rafler un maximum de dictionnaires Larousse sur les oiseaux à « Questions pour un champion »...

En se focalisant essentiellement sur des thèmes actuels et passionnants aussi bien que sur l'histoire et la littérature, la Tut-tut université tente de montrer qu'à partir d'un livre, il est possible de laisser penser à ses interlocuteurs qu'on sera probablement enterré au Panthéon tant

* Extrait du *Bourgeois gentilhomme* de Molière, acte II, scène 6.

on sait de choses. Tous les lecteurs obtiendront des résultats avec cet ouvrage qui permet de décupler sa culture générale dans le métro, aux toilettes ou en prenant un café. Une fois encore, 2 minutes 33 par jour suffiront pour faire de prodigieux progrès.

Après seulement quelques dizaines de leçons, vous constaterez que cet ouvrage se transforme en un solide vernis de culture générale.

Ajoutons que la Tut-tut université de Paris a fixé une dernière contrainte exigeante : chaque fait présent dans ce livre devra pouvoir être replacé par le lecteur dans l'une de ses conversations dans les trois mois qui suivent, à la machine à café de son entreprise, lors d'un dîner chez des amis, d'un repas chez sa belle-mère, d'une neuvième pinte au pub... Nous avons tenté de relever ce défi.

Qu'est-ce que les Mémentos ?

En bas de très nombreux articles de cet ouvrage, vous trouverez des mémentos. En latin, *memento*, signifie « souviens-toi ! ». Lors d'une première lecture, ces mémentos ne servent à rien. Plus tard, ils se transforment en astucieux outils pour mémoriser beaucoup plus facilement ce que vous aurez lu.

Ils ont été créés pour s'adapter parfaitement à la façon dont notre cerveau mémorise des choses, c'est-à-dire en les simplifiant. Voici comment les utiliser : dès que vous avez terminé la lecture d'une leçon, refaites un passage rapide sur toute la leçon mais cette fois-ci en ne lisant que les mémentos. Ces mots clés synthétisent ce que vous venez d'apprendre. Pour encore plus d'efficacité, quelques jours et quelques semaines après la lecture d'une leçon, revenez en arrière sur les pages que vous avez déjà lues. Une nouvelle fois, au lieu de lire la leçon en entier, balayez du regard seulement les mémentos situés en bas des articles. Ces mots clés vous rappelleront ce qu'il fallait retenir sans que vous ayez à relire la leçon en entier. Cela correspond à ce que vous faisiez probablement déjà au lycée lorsque vous écriviez des fiches pour synthétiser le contenu du cours.

Si vous avez une mémoire visuelle, les balayer du regard suffira, si vous avez une mémoire auditive, lisez-les à haute voix.

Notez enfin que ces mémentos font partie de l'ADN de cet ouvrage. Contrairement à d'autres livres de culture générale, il ne s'agit pas de retenir uniquement les quelques passages qui vous ont marqué mais bien que chaque page devienne partie intégrante de votre culture générale. Bref, que très bientôt, après quelques dizaines de passages aux toilettes, vous en connaissiez l'intégralité et non des bribes.

Ne faites qu'une seule leçon !

Pour faciliter l'assimilation intégrale du contenu de ce livre, nous avons opté pour des phrases courtes et une mise en page permettant une lecture rapide. Revers de la médaille, lors d'un long trajet ou d'un passage qui s'éternise aux toilettes, vous pourriez dévorer une centaine de pages en une seule fois. Ce n'est pas l'approche que la prestigieuse Tut-tut université de Paris recommande car, dans ce cas, la méthode que nous avons mise au point ne fonctionne plus. Faites l'inverse. Ne partez surtout pas en quête des pépites se trouvant dans ce livre.

L'objectif est simple : être un peu plus intelligent en travaillant 2 minutes 33 par jour. Ne lisez qu'une seule leçon à chaque passage. Une fois la lecture de la leçon terminée, revenez en arrière, lisez maintenant uniquement les titres pour tenter de mémoriser définitivement la leçon, répétez les informations mentalement... et pendant la journée, essayez de vous souvenir de ce que vous avez lu. Vous fixerez ainsi le contenu de la leçon à tout jamais (ou presque) dans votre mémoire.

L'ESPRIT DE CE LIVRE

Ce livre a été conçu pour que l'assimilation soit la plus aisée possible et avec l'objectif de rester divertissant. Afin d'éviter toute lassitude, nous avons choisi de ne pas regrouper le savoir dans des thèmes, mais dans une même page de sauter du coq à l'âne, de l'histoire aux statistiques, du Koweït au quiproquo, de Staline au catch...

L'objectif de cet ouvrage n'est pas du tout d'établir un socle ou les fondations de votre culture générale mais d'y ajouter des satellites, des petites bribes de savoir qui viendront se greffer à ce que vous savez déjà et que vous allez pouvoir réutiliser.

L'AUTEUR

Paul Saegaert est l'auteur de *2'33'' pour booster ma culture générale*. Il a connu un parcours très atypique qui l'a amené jusqu'à l'écriture de l'ouvrage de référence que vous avez dans les mains. Avant de vous révéler l'étonnante occupation actuelle de Paul Saegaert, découvrons son parcours.

Dès l'enfance, le petit Paul a montré des aptitudes pour les études. Du primaire jusqu'au lycée, il réalisa un parcours académique sans fautes, souvent premier de sa classe, au pire second les mauvaises années... une troisième place nationale au kangourou des maths, un prix d'excellence en latin et la mention spéciale du jury pour son bac scientifique, maths sup, maths spé au lycée Hoche puis il bifurque vers Normale sup pour devenir professeur de lettres. Mais après quelques années en tant qu'enseignant, son maigre salaire de fonctionnaire ne lui suffit plus, il se met alors en quête d'un moyen d'arrondir ses fins de mois. Il décide donc de s'inscrire à « Questions pour un champion ». Il participe et remporte le jeu plusieurs fois de suite. En partant, il devra même emprunter la camionnette d'un ami plombier pour pouvoir ramener ses lots : l'encyclopédie des champignons de Méditerranée, une autre encyclopédie complète sur les volcans, une troisième sur les insectes, un gros dictionnaire des auteurs slovènes et slovaques du XVe siècle, un grand livre sur la faune et la flore de l'île de Chypre... Il revendra tout illico sur ebay.fr et c'est en apercevant la coquette somme de 712 euros sur son compte PayPal que le déclic surviendra « Gagner sa vie en jouant aux jeux télévisés ».

Dès le lendemain, il envoie sa démission et s'inscrit à tous les jeux télévisés existants. Son choix est le bon puisqu'il remportera tous les jeux auxquels il participera : « Qui veut gagner des millions ? », « Qui veut prendre sa place ? », « Pyramide », « Que le meilleur gagne ! ». Rien ne lui échappera. Enfin si, un jeu, « Le Maillon faible ». Les autres candidats l'élimineront avec froideur et à l'unanimité dès le premier round. Ils l'avaient reconnu en raison de ses passages dans d'autres jeux télé.

Toutefois, après un an d'un train de vie à faire pâlir un oligarque russe grâce aux gains accumulés, il se retrouve face à une difficulté insurmontable : il a participé à tous les jeux existants. Mais dès le jour suivant, il a une solution. Former des candidats aux jeux télé les plus rémunérateurs en échange d'une partie de leurs gains. La Saegaert TV school est née. Après seulement quelques mois d'existence, elle forme déjà une quarantaine de candidats par mois. En contrepartie, elle empoche 68 % de leurs gains. Pour former ses poulains, Paul Saegaert rivalise d'ingéniosité. Il reproduit dans ses locaux les plateaux des jeux télé les plus rémunérateurs. Deuxième idée de génie, les faire réviser aussi aux toilettes pour gagner du temps. Le succès est au rendez-vous : 80 % des gagnants des jeux télé viennent aujourd'hui de son académie. Ils gagnent le plus souvent grâce à leurs connaissances acquises en 2 minutes 33. L'ouvrage que vous tenez entre les mains va vous permettre de bénéficier vous aussi de ce savoir.

L'existence de son centre de formation ne tardera pas à arriver aux oreilles de Nagui, de Jean-Luc Reichmann et des producteurs de jeux télévisés. Si, au début, tous voient la Saegaert académie d'un mauvais œil, ça ne dure pas. Ils comprennent vite les profits qu'ils peuvent en tirer. Paul Saegaert est aujourd'hui l'auteur de 60 % des questions présentes sur les fiches de Julien Lepers et le coach du père Fouras. Un travail prestigieux qui ne tarde pas à lui ouvrir de nouvelles portes.

En effet, de la même région (Fort Boyard est en Poitou-Charentes), Ségolène Royal aura vent de l'existence d'un coach de père Fouras. C'est sur cette base qu'elle le contactera pour l'embaucher en tant que coach culturel de sa campagne présidentielle. Avec elle, il alternera cours particuliers, révisions et devoirs. Pour pallier le manque de temps de la candidate pour qui chaque minute est comptée, il va lui créer à elle aussi des exercices et des fiches pratiques aux toilettes. Il reste fidèle à la méthode qui a fait son succès. Ce coaching va malheureusement tourner à l'échec. Il s'en veut encore. En effet, quelques jours avant son départ en Chine, il fera réviser à Ségolène Royal dans une même leçon les mots se terminant en -itude et ceux se terminant en -oure, ce qui aboutira au dramatique mot « bravitude » quelques jours plus tard sur la Grande Muraille. Google recensera dès le lendemain 17 528 articles de journaux contenant le mot bravitude. Un drame et une erreur de timing et de pédagogie qu'il n'arrive toujours pas à se pardonner.

Ce livre est donc le résultat de ce parcours atypique et de la réflexion que Paul Saegaert a menée sur la façon d'amener ses élèves à la victoire, en utilisant notamment les précieuses minutes qu'ils passent comme vous chaque jour aux WC. Aujourd'hui, il est heureux que *2'33'' pour booster ma culture générale* ait une place sur l'étagère de vos toilettes aussi bien que sur celles de la BNF*.

* Elle n'a pas le choix. La BNF doit référencer tous les livres.

Pax romana

Pax romana est une expression latine qui signifie « paix romaine ». La Pax romana désigne une longue période de paix que l'on fait généralement débuter en -29 av. J.-C. et qui se termine en l'an 180, date de la mort de l'empereur Marc Aurèle. En occupant un territoire immense, l'Empire romain avait en effet réussi à imposer la paix sur les régions qu'il contrôlait. La guerre continuait mais seulement aux frontières de l'Empire romain.

Mémento :
latin – paix romaine – -29 av. J.-C.-180 – mort de Marc Aurèle

Pax americana

Pax americana désigne la période de paix qui règne sur le monde depuis 1945 grâce à l'hégémonie des États-Unis.

Mémento :
pax americana – États-Unis – à partir de 1945 – paix sur le monde

La vraie signification de IKEA

Le nom de la societé IKEA est composé à partir du nom de son fondateur suédois, Ingvar Kamprad et du nom du village suédois dans lequel Ingvar a grandi : Elmtaryd Agunnaryd.

Mémento :
IKEA = INGVAR KAMPRAD ELMTARYD AGUNNARYD

Orchidée

Le mot orchidée vient du grec *orchis* qui signifie « testicule ». En effet, les tubercules de certaines orchidées ressemblent à des testicules. Pensez-y la prochaine fois qu'on vous en offrira une.

Mémento :
orchis – testicule

Sans serif

En typographie, on appelle serifs, les petits empattements présents sur les lettres de l'alphabet. Arial est une police sans serif alors que la police Times New Roman est une police serif. Les serifs sont ces petites extensions placées à la terminaison des caractères dans de très nombreuses polices de caractères. Ces empattements proviendraient de la trace laissée par la plume ou le pinceau au moment de terminer la lettre. Les polices sans serif nous paraissent plus modernes que les polices serifs. C'est souvent ce qui les distingue.

Mémento :
serif – police – empattement

La date où tout a changé : 1849

Les 49ers de San Francisco (*San Francisco 49ers* en anglais) sont une équipe de football américain qui a remporté cinq Super Bowl. Vous avez certainement déjà aperçu le logo de cette équipe puisque de nombreuses casquettes siglées « 49ers » ont été vendues en France au cours des dernières décennies. Le nom de cette équipe est directement relié à la ruée vers l'or qui a débuté en 1849. Cette date marque l'arrivée de milliers d'Américains vers l'ouest. Plus tard, on appellera ces pionniers les « forty-niners », d'où le nom de cette équipe. 1849 marqua du même coup le début de l'essor fulgurant de San Francisco et, très vite, de toute la Californie.

Mémento :
49ers – 1849 – San Francisco – ruée vers l'or

La racine grecque -acro- (Acropole)

Acro- signifie « extrême, élevé ».

On retrouve cette racine dans les mots : acrocéphale, acrocéphalie, acrostiche...

Ne pas confondre :
Art nouveau | Art déco

L'Art nouveau s'inspire de la nature. Il apparaît au début des années 1890, en réaction à l'industrialisation rapide de l'Europe. À partir de 1920 et jusqu'à 1940, l'Art déco prend le relais. Son style est plus géométrique.

Mémento :
art nouveau – 1890 – 1920 – 1940 – art déco

Zélande

Nouvelle-Zélande vient de Zélande, une province de bord de mer aux Pays-Bas. La Nouvelle-Zélande fut découverte en 1642 par Abel Tasman, un explorateur et navigateur hollandais. Pendant le même voyage, il découvrit la Tasmanie et lui donna son nom. Aux XVIe et XVIIe siècle, l'Australie s'appelait Nouvelle-Hollande.

Mémento :
Zélande → Nouvelle-Zélande – Abel Tasman – Hollandais – 1642 – Tasmanie

Mégère

Mégère était une des trois divinités infernales de la mythologie romaine, appelées les Furies. Le terme désigne aujourd'hui une femme hystérique et malfaisante.

Mémento :
Mégère – divinité infernale mythologie romaine

Les dates de l'abolition de l'esclavage

Malgré l'article premier de la Déclaration des droits de l'homme « Tous les êtres humains naissent libres et égaux en dignité et en droits », l'esclavage n'est pas aboli dans la foulée car il risquerait d'entraîner la faillite des colonies. C'est seulement en 1794, à la suite de la révolte des esclaves d'Haïti que l'esclavage est aboli mais ça ne durera pas. Dès 1802, sous la pression des commerçants, Bonaparte rétablira l'esclavage. Cette mesure entraînera à Haïti une nouvelle révolte qui mènera à l'indépendance deux ans plus tard (1804). Il faudra ensuite attendre 1848 pour que l'esclavage soit définitivement aboli dans les colonies françaises.

1833 L'esclavage est aboli dans les colonies britanniques.
1848 L'esclavage est aboli dans les colonies françaises.

1860 L'esclavage est aboli dans les colonies hollandaises.

1865 L'esclavage est aboli aux États-Unis.

Mémento :
1794 – révolte Haïti – abolition – Napoléon – 1802 – révolte – indépendance Haïti en 1804 – 1848

Une plante oléagineuse

Une plante oléagineuse est une plante qui contient de l'huile. Cet adjectif vient du mot latin *olea* qui signifie « olive ».

Le visage de Marianne

Pour le visage de Marianne, on a choisi Brigitte Bardot, Mireille Mathieu, Catherine Deneuve, Inès de La Fressange, Laetitia Casta, Sophie Marceau... C'est l'Association des maires de France (AMF) qui réalise ce choix, pas le Président de la République.

Mémento :
AMF

Les 5 choses à savoir sur l'île de Pâques

- Les habitants de l'île étaient des Polynésiens, probablement partis des îles Marquises au VIIIe siècle.
- L'île ne fait que 125 km². Elle est plus petite que l'île d'Oléron qui fait 175 km².
- On y a accosté la première fois en 1722, le jour de Pâques.
- Les statues géantes de l'île s'appellent des moaïs.
- Les moaïs mesurent jusqu'à 9 mètres de haut et tournent toutes le dos à l'océan.

Mémento :
îles Marquises – 1722 – jour de Pâques – moaïs – 9 mètres – dos à l'océan

La démographie de la France

Habitants : 65,8 millions d'habitants en France

Habitants : 63,7 millions d'habitants en métropole

Nombre de naissances par an : 822 000

Nombre de décès par an : 571 000

Espérance de vie Hommes : 78,4 ans

Espérance de vie Femmes : 84,8 ans

La racine grecque -acou- (Acoustique)

Acou- signifie « entendre ».
On retrouve cette racine dans les mots : acoustique, acouphène, acoumétrie…

5 choses à savoir sur Jacques Mayol

• Le film *Le grand bleu* de Luc Besson est librement inspiré de la vie de Jacques Mayol.
• Le plongeur italien Enzo Maiorca, joué par Jean Reno dans *Le grand bleu*, était bel et bien un de ses rivaux.
• En 1976, Jacques Mayol a été le premier à plonger à 100 mètres en apnée (à l'île d'Elbe).
• En pratiquant assidûment en plus de l'apnée le yoga et la respiration, il a influencé durablement sa discipline.
• À la fin de sa vie, seul et déprimé, Jacques Mayol s'est suicidé en se pendant à son domicile de l'île d'Elbe. Il avait 74 ans.

LEÇON 3

Ne pas confondre :
Angleterre | Grande-Bretagne | Royaume-Uni

Angleterre

+ Pays de Galles

+ Écosse

Grande-Bretagne

+ Irlande du Nord

Royaume-Uni

Oui, je parle latin : *Distinguo*

En latin : « Je distingue ».

Patibulaire

Patibulaire : Inquiétant, menaçant, louche. S'utilise le plus souvent dans les expressions « une mine patibulaire » ou « un air patibulaire ». Il sert à qualifier une personne.

L'homme avait une mine patibulaire.

TOP 10 des films français aux États-Unis

Voici les dix films français qui ont récolté le plus de dollars aux États-Unis.

1. *Taken*
2. *La Marche de l'empereur*
3. *Le Cinquième Élément*
4. *The Artist*
5. *Le Transporteur 2*
6. *Le Baiser mortel du dragon*
7. *Colombiana*
8. *Le Fabuleux Destin d'Amélie Poulain*
9. *Le Pianiste*
10. *Le Transporteur 3*

Panacée

Panacée était une déesse qui guérissait toutes les maladies.

La vraie signification de Sony

La marque Sony vient du latin *sonus* qui signifie « son » mais aussi de *sonny*, mot anglais qui désignait dans les années 50 un « fils studieux ».

Mémento :
Sony – sonus = son – sonny = fils studieux

La Lambada

La Lambada, le tube de l'été 1989, a été volée aux Los Kjarkas, un groupe folklorique bolivien qui joue de la flûte de Pan. Les producteurs français de Kaoma n'ont jamais demandé d'autorisation aux Boliviens pour reproduire la mélodie de leur chanson *Llorando se fue*. Nulle part sur la pochette, on ne les voit apparaître. Cependant, un procès plus tard, Los Kjarkas ont obtenu des dommages et intérêts. Seul hic, aujourd'hui, lorsqu'ils jouent leur propre chanson en présence d'Occidentaux, les spectateurs trouvent amusant qu'ils « fassent une reprise » de *La Lambada* à la flûte de Pan...

Mémento :
Los Kjarkas – 1989 – Boliviens

La racine grecque -aero- (Aéroport)

Aero- signifie « air ».

On retrouve cette racine dans les mots : aérien, aérophagie, aérobie...

LEÇON 4

Hâbleur

Hâbleur : Qui a l'habitude de parler beaucoup et de se vanter, qui cherche à donner une haute idée de sa personne.

« Cet homme n'est point un hâbleur. Il a lu *Je révise ma culture générale aux toilettes* en entier. »

10 capitales à connaître

Ankara	➥ Turquie
Antananarivo	➥ Madagascar
Apia	➥ Samoa
Asmara	➥ Érythrée
Astana	➥ Kazakhstan
Asunción	➥ Paraguay
Athènes	➥ Grèce
Bagdad	➥ Irak
Bakou	➥ Azerbaïdjan
Bamako	➥ Mali

La vraie signification de L'Oréal

Eugène Schueller a mis au point en 1907 une formule chimique permettant de teindre les cheveux. La formule avait été baptisée « **l'Auréale** » en référence à une coiffure féminine en vogue à l'époque, ce qui donnera plus tard le nom L'Oréal.

> ***Mémento :***
> Eugène Schueller – l'Auréale – coloration

4 sigles multimédia

URL ➥ Uniform Resource Locator
WWW ➥ World Wide Web
LCD ➥ Liquid Crystal Display (display : écran)
LED ➥ Light-Emitting Diode

Clampin

Clampin : Terme militaire. Soldat retardataire, traînard, éclopé. Populairement, un fainéant.

Mariage et fécondité

Indicateur de fécondité :	2,01 enfants par femme
Âge moyen à l'accouchement :	30,1 ans
Âge moyen au premier mariage :	31,9 ans pour les hommes et 30,1 ans pour les femmes

Oui, je parle latin : *Veto*

En latin : « Je défends ».

La racine grecque -agog- (Pédagogue)

Agog- signifie « qui conduit ».
On retrouve cette racine dans les mots : pédagogue, démagogie, synagogue...

LEÇON 5

Ne pas confondre :
Hollande | Pays-Bas

Les Pays-Bas sont composés de 12 provinces. La Hollande a été une province des Pays-Bas. En 1840, cette province a été divisée en deux entités : la Hollande-Septentrionale et la Hollande-Méridionale. La Hollande-Septentrionale et la Hollande-Méridionale sont encore aujourd'hui deux des 12 provinces des Pays-Bas. Utiliser Hollande à la place de Pays-Bas, c'est utiliser le nom d'une province disparue en 1840 à la place du nom du pays mais la pratique est acceptée.

Mémento :
Hollande – ancienne province – 1840 – Hollande-Septentrionale – Hollande-Méridionale – 12 provinces

Les 5 choses à savoir sur Platon

- Il est né à Athènes en 424/423 av. J.-C. et est mort en 348/347 av. J.-C.

- La grande majorité de son œuvre est sous forme de dialogues.

– Il a dit : « La connaissance des mots conduit à la connaissance des choses. »

– Aristote fut un élève de Platon.

– Platon fut un disciple de Socrate.

Mémento :
-424/-348 – dialogues – Aristote, un élève de Platon – disciple de Socrate

Séide

Séide : Personne qui manifeste un dévouement aveugle à l'égard d'un maître, d'un chef, d'un parti... capable de commettre un crime par zèle.

Mémento :
dévouement aveugle chef

La première phrase

Franz Kafka, *La Métamorphose*

« **Un matin, au sortir d'un rêve agité, Grégoire Samsa s'éveilla transformé dans son lit en une véritable vermine.** Il était couché sur le dos, un dos dur comme une cuirasse, et, en levant un peu la tête, il s'aperçut qu'il avait un ventre brun en forme de voûte divisé par des nervures arquées. La couverture, à peine retenue par le sommet de l'édifice, était près de tomber complètement, et les pattes de Grégoire, pitoyablement minces pour son gros corps, papillotaient devant ses yeux. »

La racine grecque -agro- (Agronomie)

Agro- signifie « champ ».
On retrouve cette racine dans les mots : agriculture, agronomie, agroécologie...

Liberté, Égalité, Fraternité

La devise d'Haïti est la même que la nôtre : Liberté, Égalité, Fraternité.

La vraie signification de Nike

Dans la mythologie grecque, Niké (en grec ancien Νικη) est une déesse personnifiant le triomphe et la victoire. Son nom signifie victoire et triomphe. Vous savez donc dire victoire et triomphe en grec ancien.

Mémento :
Niké – déesse grecque de la victoire

Oui, je parle latin : *Quorum*

En latin : « desquels ».

En français : désigne le nombre de membres suffisant pour délibérer, le nombre de personnes minimum pour que les décisions prises au cours de la réunion soient valables.

LEÇON 6

La vraie signification de Twitter

Voici les trois sens du mot twitter en anglais

1. un gazouillement, un pépiement
2. un bavardage
3. un état d'agitation [informel]

To be in a twitter about something : être dans tous ses états à cause de quelque chose

Mémento :
twitter – gazouillement – bavardage – agitation

La date où tout a changé : 79

La ville de Pompéi était une ville active et prospère qui se trouvait au pied du Vésuve (dans la région de Naples). Les habitants ne se méfiaient pas du volcan, qu'ils prenaient très probablement pour une montagne. La dernière éruption s'était produite 3 500 ans plus tôt et l'information n'était pas parvenue jusqu'à eux. Le 24 août 79, le Vésuve se réveilla et propulsa des milliers de tonnes de cendres dans l'atmosphère. La ville fut recouverte par 6 mètres de cendres et plusieurs milliers d'habitants perdirent la vie. Ce malheur nous a laissé un témoignage précieux et précis de la vie dans une cité romaine.

Mémento :
79 – Pompéi – Vésuve – région de Naples

Les 4 choses à savoir sur l'année-lumière

- Une année-lumière est égale à la distance que parcourt la lumière dans le vide en une année.
- Une année-lumière = 9 470 milliards de kilomètres.
- L'abréviation est a.l.
- Au pluriel, on écrit des années-lumière.

Mémento :
9 470 milliards de kilomètres – a.l. – des années-lumière

La première phrase

Stendhal, *Le Rouge et le Noir*

« **La petite ville de Verrières peut passer pour l'une des plus jolies de la Franche-Comté.** Ses maisons blanches avec leurs toits pointus de tuiles rouges s'étendent sur la pente d'une colline, dont des touffes de vigoureux châtaigniers marquent les moindres sinuosités. Le Doubs coule à quelques centaines de pieds au-dessous de ses fortifications, bâties jadis par les Espagnols, et maintenant ruinées. »

La racine grecque -algie- (Nostalgie)

Algie- signifie « douleur ».
On retrouve cette racine dans les mots : névralgie, analgésique...

Prétérition

Prétérition : Figure de style consistant à parler d'une chose en feignant de ne pas vouloir en parler.

Exemples :
Je ne vais pas vous rappeler que...
Inutile de dire que...
Monsieur Martin, pour ne pas le nommer.
Je ne suis pas venu vous dire...

Galimatias

Galimatias : Un discours ou un écrit inintelligible, embrouillé, confus, obscur.

« VALÈRE : Qui songe à votre argent, dont vous me faites un galimatias ? »
Molière, *L'Avare*, acte V, scène 5

Oui, je parle latin : *Vade-mecum*

En latin : « Viens avec moi » !

En français : un aide-mémoire que l'on emporte avec soi pour le consulter.

Palinodie

Palinodie : Selon le dictionnaire de l'Académie française, palidonie signifie « Rétractation, désaveu de ce que l'on a pu dire ou faire. Généralement au pluriel. » Exemple : Ses éternelles palinodies l'ont discrédité.

LEÇON 7

La vraie signification de Volkswagen

En langue allemande :

Das Volk : le peuple

Der Wagen : la voiture

> ***Mémento :***
> voiture du peuple

La date où tout a changé : le 4 juillet 1776

Le 4 juillet 1776, les États-Unis d'Amérique déclarent leur indépendance vis-à-vis de la Grande-Bretagne. Le 4 juillet est le jour de la fête nationale américaine.

> ***Mémento :***
> 4 juillet 1776 – jour de l'indépendance – fête nationale

Le deuxième amendement de la Constitution des États-Unis

La Constitution des États-Unis date de 1787. Quatre ans plus tard, le 15 décembre 1791, dix amendements seront ratifiés par le Congrès. Ensemble, ces dix amendements forment le Bill of Rights. Ils décrivent les libertés fondamentales auxquelles les citoyens américains ont droit, encore aujourd'hui. Le second d'entre eux est souvent cité. Il concerne le port d'armes : « A well regulated Militia, being necessary to the security of a free State, the right of the people to keep and bear arms, shall not be infringed », ce qui se traduit par « Une milice bien organisée étant nécessaire à la sécurité d'un État libre, le droit qu'a le peuple de détenir et de porter des armes ne sera pas transgressé. »

Mémento :
Constitution – 1787 – 10 amendements ratifiés en 1791 – Bill of Rights – second amendement

La racine grecque -allo- (Allopathie)

Allo- signifie « autre ».
On retrouve cette racine dans les mots : allergie, allogamie...

Divorce

L'année où se produisent le plus de divorces est la quatrième année après le mariage.

Je maintiendrai

« Je maintiendrai » est la devise nationale du royaume des Pays-Bas. Cette devise est en français. On la retrouve notamment sur les armoiries des Pays-Bas. « Je maintiendrai » était la devise de Guillaume Ier d'Orange-Nassau, stadhouder qui fut le gouverneur des provinces de Hollande, de Zélande et d'Utrecht.

Mémento :
Devise – Guillaume Ier d'Orange-Nassau – gouverneur

Oui, je parle latin : *Ubi* et *orbi*

En latin : « À la ville et à l'univers ».

LEÇON 8

La Laitière

La marque La Laitière® utilise un tableau de Johannes Vermeer peint en 1658. Il est aujourd'hui exposé au Rijksmuseum d'Amsterdam. Il s'agit du seul tableau de Vermeer prenant comme sujet principal une femme d'humble condition.

Mémento :
La Laitière – Vermeer – 1658 – Rijksmuseum

Les pays qui utilisent l'euro

Allemagne – Autriche – Belgique – Espagne – Finlande – France – Grèce – Chypre – Irlande – Italie – Luxembourg – Malte – Pays-Bas – Portugal – Slovaquie – Slovénie – Estonie – Monténégro

La vraie signification de BMW

BMW signifie Bayerische Motoren Werke, soit en français : « Manufacture bavaroise de moteurs ». L'entreprise a été fondée en 1916 par Gustav Otto et Karl Friedrich Rapp et a d'abord été un grand constructeur de moteurs d'avions. Son logo représente une hélice en marche avec le ciel en toile de fond.

Mémento :
BMW Bayerische Motoren Werke – hélice – 1916

Scrupule

Scrupule : Ce qui embarrasse la conscience, comme une pierre embarrasse celui qui chemine. Ce mot vient du mot latin *scrupulum* qui signifie petit caillou, un caillou qui se glisse dans des sandales et gêne la marche comme lorsqu'on a des scrupules et qu'on n'avance pas bien.

Mémento :
scrupule – scrupulum – petit caillou

9 personnalités enterrées au Père-Lachaise

Alfred de Musset (1810-1857)
Georges Eugène Haussmann (1809-1891)
Félix Faure (1841-1899)
Jim Morrison (1943-1971)

Pierre Desproges (1939-1988)
Alain Bashung (1947-2009)
Pierre Augustin Caron de Beaumarchais (1732-1799)
Honoré de Balzac (1799-1850)
Guillaume Apollinaire (1880-1918)

La racine grecque -anémo- (Anémomètre)

Anémo- signifie « vent ».

On retrouve cette racine dans les mots : anémone, anémochorie...

Oui, je parle latin : *Stricto sensu*

En latin : « au sens strict ».

Je sais dire « santé » en 19 langues

ALLEMAND	*prost/prosit*
ALSACIEN	*g'sundheit*
ANGLAIS	*cheers*
BRETON	*yec'hed mad*
CORSE	*salute*
CROATE	*živjeli*
DANOIS	*skål*
ESPAGNOL	*salud*
INDONÉSIEN	*pro/tos*
ITALIEN	*salute/cin cin*
JAPONAIS	*乾杯 (kanpai)*
NÉERLANDAIS	*proost*
NORVÉGIEN	*skål*
POLONAIS	*na zdrowie*
PORTUGAIS	*saúde*
ROUMAIN	*noroc*
SUÉDOIS	*skål*
TAHITIEN	*manuia*
TCHÈQUE	*na zdraví*
THAÏ	*โชคดี (chok dee)*

La racine grecque -anthrop- (Anthropologie)

Anthrop- signifie « homme ».

On retrouve cette racine dans les mots : misanthrope, anthropophagie, anthropologie...

Le disque

Périmètre= $2\pi R$

Surface= πR^2

Moyens mnémotechniques : 2 pierres ($2\pi R$), pierre carrée (πR^2)

Les 6 choses à savoir sur Géronimo

– Né en Arizona vers 1820, il faisait partie de la tribu des Apaches chiricahuas. Ces Indiens vivaient principalement de raids pour chaparder aux Mexicains ce dont ils avaient besoin pour la tribu (chevaux, vivres, munitions...).

– Au cours du massacre du village de Kas-ki-yeh, des soldats mexicains ont tué sa mère, sa femme et ses trois enfants. Géronimo a été profondément marqué par cet événement.

- Géronimo mènera des raids vengeurs contre les Mexicains puis contre les colons. Rapidement, comme d'autres tribus avant eux, les Apaches seront parqués dans les réserves pour être « éduqués » et « civilisés ».
- Il se réfugiera dans un territoire reculé et fera partie du dernier groupe d'Indiens libres, vivant selon les rites apaches...
- À la fin de sa vie, il était à la tête d'un petit groupe d'une vingtaine d'Indiens alors que des milliers de soldats étaient à leurs trousses. Après plusieurs mois, il finira par se rendre.
- Après quelques années de prison, il deviendra un héros américain en incarnant la liberté et le bon vieux temps des batailles entre les cow-boys et les Indiens. Il a alors plus de 80 ans.

La date où tout a changé : le 31 décembre 1992

À la fin de l'année 1989, alors que le bloc de l'Est s'effrite de toutes parts, la Révolution de velours entraîne la chute du Parti communiste tchécoslovaque et met fin à la République socialiste tchécoslovaque. Après des débats sur le nom à donner au nouveau pays, la République fédérale tchèque et slovaque voit le jour. Cependant, les politiciens slovaques et tchèques rencontrent vite de grandes difficultés à s'accorder et la séparation devient inévitable. Le 31 décembre 1992, la République fédérale tchèque et slovaque est dissoute et donne lieu à la naissance de deux nouveaux pays : la Slovaquie et la République tchèque.

Mémento :
fin 1989 – révolution de Velours – fin
de la Tchécoslovaquie – par la République fédérale
tchèque et slovaque – 31 décembre 1992

Oui, je parle latin : *Quo vadis ?*

En latin : « Où vas-tu ? »

Les 9 dates à connaître de la construction de l'Union européenne

1951 : création de la CECA

Communauté européenne du charbon et de l'acier.

1957 : traité de Rome

Création par six pays (l'Allemagne, la Belgique, la France, l'Italie, le Luxembourg et les Pays-Bas) de la CEE (Communauté économique européenne) et de l'EURATOM (CEEA : Communauté européenne de l'énergie atomique).

1962 : PAC

Politique agricole commune.

1968 : union douanière

Suppression des droits de douane entre les 6 pays membres.

1985 : signature des accords de Schengen

La Belgique, la France, le Luxembourg, les Pays-Bas et la RFA signent à Schengen des accords prévoyant la suppression progressive des frontières et la libre circulation des personnes. La convention d'application de l'accord n'est signée que le 19 juin 1990 et entre en vigueur seulement le 26 mars 1995.

1986 : signature de l'Acte unique européen

Les Douze signent l'Acte unique qui modifie le traité de Rome et fixe une échéance pour la réalisation du marché intérieur unique qui entrera en vigueur le 1er janvier 1993.

1992 : signature du traité de Maastricht

La CEE devient l'Union européenne.

1999 : l'euro

L'euro devient la monnaie unique de 11 des États membres. Le 1er janvier 2002, les pièces et les billets en euros seront mis en circulation.

Les 3 choses à savoir sur PI

– $\pi = 3{,}141\ 592\ 654$

– La lettre grecque π est la première lettre de « περιμετρος », un mot qui signifie périmètre en grec.

– π est le rapport entre la circonférence d'un cercle et son diamètre.

Mémento :

π = 3,141 – περιμετρος – rapport entre la circonférence d'un cercle et son diamètre

Sophisme

Sophisme : Raisonnement qui cherche à apparaître comme utilisant des arguments valides et un cheminement logique mais qui débouche sur une conclusion fausse ou inacceptable. Un sophisme est conçu pour tromper ou faire illusion.

> ***Mémento :***
> raisonnement pour tromper

La racine grecque -apo- (Apologie)

Apo- signifie « loin de ».
On retrouve cette racine dans les mots : apogée, apophase, apocryphe...

Oui, je parle latin : *Quiproquo*

En latin : *Quid pro quod* = prendre un quid pour un quod.

En français : un malentendu ou une erreur au cours d'un échange entre des personnes.

LEÇON 11

Les dates des nouvelles adhésions à la CEE puis l'UE

À l'origine, il y eut 6 pays

L'Allemagne, la Belgique, la France, l'Italie, le Luxembourg, les Pays-Bas.

1973 : de l'Europe des Six à l'Europe des Neuf

Adhésion du Danemark, de l'Irlande et du Royaume-Uni.

1981 : une Europe à Dix

Adhésion de la Grèce.

1986 : l'Europe des Douze

Adhésion de l'Espagne et du Portugal.

1995 : l'Europe des Quinze

Adhésion de l'Autriche, de la Finlande, et de la Suède.

2004 : vers une Europe à 25

Dix nouveaux États entrent. Il s'agit de Chypre, de l'Estonie, de la Hongrie, de la Lettonie, de la Lituanie, de Malte, de la Pologne, de la République tchèque, de la Slovaquie, de la Slovénie.

2007 : une Europe à 27

La Roumanie et la Bulgarie deviennent membres de l'Union européenne.

Ne pas confondre :

Astéroïde | Comète | Météorite | Météore

Météorite : Fragment rocheux ou métallifère tombé à la surface de la Terre ou d'une autre planète. Les météorites sont issues le plus souvent de la fragmentation d'astéroïdes.

Astéroïde : Un corps mesurant de quelques dizaines de mètres à plusieurs kilomètres qui orbite autour du Soleil en suivant une trajectoire assez similaire à celle des planètes. À la différence des comètes, les astéroïdes n'ont pas d'activité.

Comète : Un corps de glace et de poussière qui tourne autour du Soleil en décrivant une orbite elliptique. La comète de Halley est la plus célèbre d'entre elles.

Météore : La traînée lumineuse produite par l'entrée dans l'atmosphère d'un corps (une étoile filante dans le langage courant). Si cette traînée lumineuse est visible en plein jour, le terme à utiliser est **bolide**.

La racine grecque -arachn- (Arachnophobie)

Arachn- signifie « araignée ».
On retrouve cette racine dans les mots : arachnéen, arachnide, arachnoïde...

Sample

Le mot anglais *sample* signifie échantillon. Dans l'industrie musicale, un sample est un petit extrait musical, un morceau ou un son d'une composition musicale utilisé dans une nouvelle composition musicale. Le sample sera souvent joué en boucle. Des centaines de tubes des vingt dernières années intègrent des samples. Ils sont à découvrir sur **samples.fr.**

Mémento :
échantillon d'une chanson joué en boucle

Ne pas confondre :
Mausolée | Cénotaphe

Le mausolée est un monument funéraire de grande taille contenant le corps du défunt. Un cénotaphe est lui aussi un monument funéraire mais qui ne contient pas le corps du défunt.

Mémento :
cénotaphe – monument funéraire sans le corps du défunt

Oui, je parle latin : *Statu quo*

Statu quo ante = En l'état où cela était auparavant.

LEÇON 12

4 sigles multimédia

DVD → Digital Versatile Disc (*versatile* : polyvalent)

DCIM → Digital Camera IMages

HDMI → High Definition Multimedia Interface

HTML → Hypertext Markup Language (*markup* : balisage)

Oui, je parle latin : *Veni vidi vici*

En latin : « Je suis venu, j'ai vu, j'ai vaincu. »

Palindrome

Palindrome : Un mot ou une phrase que l'on peut lire dans les deux sens. Laval et rotor sont des palindromes. Ressasser est le plus long palindrome de la langue française. Parmi les palindromes, on trouve aussi des dizaines de phrases comme :

- « Et la marine va venir à Malte »
- « Engage le jeu que je le gagne »
- « Élu par cette crapule »

Mémento :
palindrome – se lit dans les deux sens

Tercet, dizain, quatrain, sizain

Tercet : poème ou strophe de trois vers
Quatrain : poème ou strophe de quatre vers
Sizain : poème ou strophe de six vers
Dizain : poème ou strophe de dix vers

La racine grecque -arch(éo)- (Archéologie)

Arch(éo)- signifie « ancien ».
On retrouve cette racine dans les mots : archaïsme, archéologie, archéobactérie...

Le Monténégro et les euros

Le Monténégro, un petit pays situé entre l'Albanie et la Croatie. Il utilise l'euro bien qu'il ne soit pas dans l'Union européenne. En raison des guerres qui ont sévi en Yougoslavie, le Monténégro avait choisi à partir de novembre 1999 d'utiliser le deutsche Mark en plus du dinar. À partir de janvier 2001, seul le Mark était utilisé dans le pays. Aussi, quand les Allemands sont passés à l'euro en 2002, les Monténégrins sont eux aussi passés à l'euro.

Mémento :
Monténégro – Marks – euros

Sarcopénie

Sarcopénie : Terme médical qui désigne un mal dont nous sommes tous atteints : la perte involontaire de masse musculaire survenant avec l'avancée en âge. Après 30 ans, nous perdons chaque décennie entre 3 et 8 % de notre masse musculaire. Cette perte musculaire s'accélère après 60 ans.

Mémento :
sarcopénie – perte musculaire avec l'âge – 3 à 8 % par décennie

Pugilat

Le pugilat était l'une des trois épreuves de combat des Jeux olympiques antiques avec la lutte et le pancrace. Le pugilat est l'ancêtre de la boxe anglaise. Le combat se déroulait exclusivement avec les poings, et les mains des combattants étaient recouvertes de lanières de cuir.

Mémento :
pugilat – lutte – pancrace – boxe anglaise – lanière en cuir

LEÇON 13

Les 4 choses à savoir sur le TAJ MAHAL

- Le Taj Mahal est un mausolée édifié par l'empereur moghol Shah Jahan pour sa défunte épouse Mumtaz MAHAL.
- Il est construit avec du marbre blanc.
- Il a été édifié entre 1631 et 1648.
- Il est situé au nord de l'Inde, à Āgrā (dans l'État d'Uttar Pradesh). À relier à la ville d'Agrabah dans le film de Disney, *Aladin*.

Mémento :
marbre – 1631 – empereur moghol – Āgrā – nord de l'Inde –Mumtaz Mahal

La racine grecque -arct- (Arctique)

Arct- signifie « ours ».
On retrouve cette racine dans les mots : Antarctique, arctocephalus...

La première phrase

Jean-Jacques Rousseau, *Les Rêveries du promeneur solitaire*

« **Me voici donc seul sur la terre, n'ayant plus de frère, de prochain, d'ami, de société que moi-même.** Le plus sociable et le plus aimant des humains en a été proscrit par un accord unanime. Ils ont cherché dans les raffinements de leur haine quel tourment pouvait être le plus cruel à mon âme sensible, et ils ont brisé violemment tous les liens qui m'attachent à eux. »

Hécatombe

Le mot hécatombe désigne un événement où il y a eu un grand nombre de victimes. Dans la Grèce antique, l'hécatombe était le sacrifice de 100 bœufs. La racine est la même que dans le mot « boulimie » qui intègre lui aussi le mot grec *boũs* « bœuf ». Boulimie signifie littéralement « faim de bœuf » (*limós* [« faim »]). À rapprocher de notre expression : faim de loup.

Mémento :
sacrifice 100 bœufs – Antiquité

Ne pas confondre :
La dîme | La gabelle

La dîme : Prélèvement que l'Église ou le seigneur faisait sur les récoltes, et qui en était ordinairement le dixième.

La gabelle : Anciennement, l'impôt sur le sel.

Mémento :
impôts – dîme = un dixième – gabelle = sel

Bistourner

Bistourner : Courber un objet de manière à le déformer.

Oui, je parle latin : *Carpe diem*

En latin : *Carpe diem quam minimum credula postero* = Cueille le jour présent sans te soucier du lendemain (cette locution latine est extraite d'un poème d'Horace).

LEÇON 14

Les 4 choses à savoir sur le dodo

- Le dodo était un gros oiseau lent mesurant 1 mètre de haut et pesant 10 kilos.
- Il a été découvert sur l'île Maurice en 1598.
- Son vrai nom est « dronte de Maurice ».
- Il a été exterminé par l'homme moins d'un siècle après sa découverte.

Mémento :
île Maurice – 1598 – dronte de Maurice – exterminé en un siècle

J'ai un braquemart

Braquemart : Épée courte et large utilisée au Moyen Âge.

La racine grecque -astro- (Astrologie)

Astro- signifie « étoile ».
On retrouve cette racine dans les mots : astronomie, astronaute, astrolabe...

Le peuple des Angles

Ce sont les Angles qui ont donné leur nom aux Anglais et à l'Angleterre. Les Angles étaient un peuple germanique. Au Ve siècle, grâce à l'effondrement de l'Empire romain, ils ont eu le champ libre pour s'installer sur ce qu'on appelle aujourd'hui l'Angleterre. Les Saxons, qui vivaient dans la Basse-Saxe actuelle, envahiront eux aussi l'Angleterre. La fusion de ces deux peuples est à l'origine du mot Anglo-Saxon.

Mémento :
les Angles – peuple germanique – invasion de l'Angleterre – les Saxons – Basse-Saxe – Anglo-Saxon

Aubier

Aubier : La partie périphérique et jeune d'un tronc. Elle apparaît dès que l'on soulève l'écorce du tronc.

La première phrase

Françoise Sagan, *Bonjour tristesse*

« **Sur ce sentiment inconnu dont l'ennui, la douceur m'obsèdent, j'hésite à apposer le nom, le beau nom grave de tristesse.** C'est un sentiment si complet, si égoïste que j'en ai presque honte alors que la tristesse m'a toujours paru honorable. Je ne la connaissais pas, elle, mais l'ennui, le regret, plus rarement le remords. Aujourd'hui, quelque chose se replie sur moi comme une soie, énervante et douce, et me sépare des autres. »

Oui, je parle latin : *Per capita*

En latin : « par tête ».

Stalactite ou stalagmite ?

Une stalagmite se développe de bas en haut à partir du plancher d'une grotte.
Une stalactite se développe de haut en bas à partir de la voûte d'une grotte.

Le procédé mnémotechnique de votre grand-mère :
- Les stalag**T**ites Tombent.
- Les stalag**M**ites Montent.

LEÇON 15

Les 5 choses à savoir sur le Groenland et le Danemark

- Deux régions autonomes sont rattachées au Danemark, le Groenland et les îles Féroé.
- La capitale du Groenland est Nuuk, une ville peuplée de 17 000 habitants.
- Avec seulement 56 000 habitants, le Groenland est le pays le moins densément peuplé de la planète.
- Le Danemark a rejoint l'Union européenne en 1973. À la suite d'un référendum, le Groenland ne fait plus partie de la Communauté européenne depuis 1985.
- En 2009, le Groenland a obtenu une autonomie renforcée vis-à-vis du Danemark et dispose de plus en plus de domaines de compétences.

Mémento :
Nuuk – 56 000 habitants – plus dans l'UE depuis 1985 – 2009 plus d'autonomie

La racine grecque -biblio- (Bibliothèque)

Biblio- signifie « livre ».

On retrouve cette racine dans les mots : bibliographie, bible...

Population carcérale aux États-Unis

Fin 2011, 2 266 800 personnes étaient incarcérées aux États-Unis. La population américaine s'élevant à 312 millions d'habitants, c'est plus de 0,7 % de la population qui est en prison.

> ***Mémento :***
> 0,7 % de la population emprisonnée

Mazel Tov

« Mazal tov ! » ou « Mazel tov ! » est une interjection souvent employée au sein de la communauté juive à la place de « Félicitations ! ». On l'entend notamment dans les mariages. L'expression signifie littéralement « bonne constellation ! » et correspond à notre « sous une bonne étoile ».

Mémento :
félicitations – bonne constellation

Factorielle

En mathématiques, la notation **n** ! se dit « factorielle n ». Cette notation désigne une notion simple à comprendre :

2 ! = 2 x 1

3 ! = 3 x 2 x 1

4 ! = 4 x 3 x 2 x 1

5 ! = 5 x 4 x 3 x 2 x 1

Et ainsi de suite.

La date où tout a changé : -753 av. J.-C.

-753 av. J.-C. : D'après la légende, il s'agit de la date à laquelle la ville de Rome fut fondée. Les Romains comptaient les années à partir de cette date.

Mémento :
moyen mnémotechnique : -753, il s'agit de trois chiffres impairs qui se suivent

Grosse bitte

Bitte : Pièce ronde ou carrée présente sur le quai d'un port et utilisée pour amarrer les bateaux. Une grosse bitte est une grosse pièce sur le quai.

Mémento :
une grosse bitte d'amarrage

La vraie signification de asics

La marque de chaussures de sport ASICS est l'acronyme de *Anima sana in corpore sano*, « un esprit sain dans un corps sain ». La citation originale est « *Mens sana in corpore sano* », mais la marque MSICS ne sonnait pas aussi bien.

Mémento :
ASICS = anima sana in corpore sano – mens sana in corpore sano

LEÇON 16

La première phrase

Denis Diderot, *Jacques le fataliste*

« **Comment s'étaient-ils rencontrés ?** Par hasard, comme tout le monde. Comment s'appelaient-ils ? Que vous importe ? D'où venaient-ils ? Du lieu le plus prochain. Où allaient-ils ? Est-ce que l'on sait où l'on va ? Que disaient-ils ? Le maître ne disait rien ; et Jacques disait que son capitaine disait que tout ce qui nous arrive de bien et de mal ici-bas était écrit là-haut. »

La date où tout a changé : 1960

Le 1er janvier 1960 marqua la date de passage au nouveau franc. De nouvelles pièces et de nouveaux billets furent mis en circulation. Un nouveau franc équivalait à 100 « anciens francs ».

La racine grecque -bio- (Biologie)

Bio- signifie « vie ».
On retrouve cette racine dans les mots : antibiotique, biométrie, biodégradable...

Ne pas confondre :

Carburant | Comburant

Le carburant est le combustible d'un moteur. Le comburant désigne un corps qui en se combinant avec un autre corps va provoquer la combustion de ce dernier.

> ***Mémento :***
> comburant – corps provoquant la combustion d'un autre corps

Futaie

Futaie : Une forêt (ou un bois) plantée par l'homme afin d'obtenir des arbres grands et droits. Le mot fût désigne la partie sans branches du tronc.

> ***Mémento :***
> forêt plantée par l'homme – arbres grands et droits

Didascalie

Didascalie : Indication scénique donnée par l'auteur qui vient compléter le dialogue des acteurs mais qui ne doit pas être prononcée sur scène.

Dans cet extrait de *Tartuffe*, les didascalies sont en italique.

« Tartuffe : (*Il lui serre le bout des doigts.*)
Oui, Madame, sans doute, et ma ferveur est telle...
Elmire : Ouf ! vous me serrez trop.
Tartuffe : C'est par excès de zèle.
De vous faire autre mal je n'eus jamais dessein,
Et j'aurois bien plutôt... (*Il lui met la main sur le genou.*)
Elmire : Que fait là votre main ? »

Molière, *Tartuffe*, acte III, scène 3

Mémento :
indication scénique

Déréliction

Déréliction : Sentiment d'abandon et de solitude morale.

Oui, je parle latin : *Quidam*

En latin : « un certain ».

En français : familièrement et par dénigrement, un homme dont on ignore le nom ou qu'on ne veut pas nommer.

LEÇON 17

Chleuasme

Chleuasme : Procédé consistant à se déprécier soi-même dans l'espoir de recevoir une réfutation et des éloges.

Mémento :
se déprécier → éloges

La date où tout a changé :
1867

Au XIXe siècle, l'Alaska appartenait aux Russes. C'est en 1867 que l'Empire russe le vendit aux États-Unis contre 7 millions de dollars. Si Alexandre II s'est séparé de 1,6 million de kilomètres carrés, c'est en raison des difficultés financières que rencontre la Russie à cette période. L'Empire britannique possédait le Canada et il craignait qu'à l'avenir, une guerre ne lui fasse perdre cet immense territoire. Il était donc préférable pour lui d'en tirer quelque chose plutôt que de le perdre à la guerre.

Mémento :
Alaska – Russie – 1867 – 7 millions de $

La racine grecque -calli- (Calligraphie)

Calli- signifie « beau ».
On retrouve cette racine dans les mots : callipyge, Calliope...

6 sigles

FNAC → Fédération nationale d'achats des cadres
MAAF → Mutuelle d'assurance des artisans de France
MAIF → Mutuelle d'assurance des instituteurs de France
BNP → Banque nationale de Paris
M6 → Métropole 6
SACEM → Société des auteurs, compositeurs et éditeurs de musique
RATP → Régie autonome des transports parisiens

La première phrase

Gustave Flaubert, *Salammbô*

« **C'était à Mégara, faubourg de Carthage, dans les jardins d'Hamilcar.** Les soldats qu'il avait commandés en Sicile se donnaient un grand festin pour célébrer le jour anniversaire de la bataille d'Éryx, et comme le maître était absent et qu'ils se trouvaient nombreux, ils mangeaient et ils buvaient en pleine liberté. »

Ne pas confondre :
Le mont Olympe | Olympie

Le mont Olympe est la plus haute montagne de Grèce. Elle culmine à 2 917 mètres. Le mont Olympe est situé à la frontière entre la Thessalie et la Macédoine.

Olympie est le lieu où se déroulaient les Jeux olympiques durant l'Antiquité. On y allume aujourd'hui la flamme olympique. Olympie est situé dans le Péloponnèse (une région située au sud de la Grèce).

Mémento :
Olympe – montagne – 2 917 m – Olympie –
JO Antiquité – flamme olympique

Oui, je parle latin : *Fac-similé*

En latin : *fac simile* = fais pareil !

LEÇON 18

La fosse des Mariannes

La fosse des Mariannes est l'endroit le plus profond de la planète (- 10 994 m). On y trouve de la vie : des organismes piézophiles, c'est-à-dire capables de supporter de très fortes pressions.

Mémento :
- 10 994 m – organismes piézophiles

Les 4 choses à savoir sur le lac Baïkal

– Il mesure 636 km de long.

– Il est le lac le plus profond du monde : 1 637 m.

– Il contient 20 % de l'eau douce liquide de la planète.

– Irkoutsk est la plus grande ville de la région du lac Baïkal.

Mémento :
636 km de long – 1 637 m de profondeur – 20 % de l'eau douce – Irkoutsk

Ne pas confondre :
Grume | Bille de bois

Une grume est un tronc d'arbre abattu dont la cime et les branches ont été coupées.

Une bille de bois est un tronçon de la grume.

Mémento :
grume = tronc d'arbre – bille de bois = tronçon de la grume

La racine grecque -cata- (Cataclysme)

Cata- signifie « en dessous ».
On retrouve cette racine dans les mots : catacombes, cataracte...

Bikini

En 1946, les États-Unis ont procédé à des essais atomiques dans les îles Marshall sur l'atoll de Bikini. C'est à la même période que le maillot de bain deux pièces fut lancé. On lui donna le nom de bikini pour surfer sur le buzz des essais atomiques. On retrouve aussi cet atoll dans la série *Bob l'éponge*. Elle se déroule dans la ville sous-marine de Bikini Bottom.

Mémento :
1946 – essais nucléaires dans les îles Marshall – atoll de Bikini

Gymnase

Chez les Grecs, le gymnase était l'ensemble des bâtiments où l'on pratiquait des exercices physiques. Il vient du mot grec *gymnós* qui signifie « nu » car les exercices se pratiquaient nu.

Mémento :
gymnós – sport nu

Oui, je parle latin : *Grosso modo*

En latin : « d'une manière grossière ».

LEÇON 19

Le SMIC

Le SMIC fixe le montant du salaire minimum légal en France. SMIC signifie Salaire minimum interprofessionnel de croissance.

Par heure : 9,40 € brut (environ 7,40 € net)

Par mois : 1 430 € brut (environ 1 120 € net)

Mémento :
Salaire minimum interprofessionnel de croissance – 9,40 €/h et 1 430 €/mois brut

Wallis-et-Futuna

Wallis-et-Futuna est un archipel situé dans le Pacifique, à proximité du Vanuatu, des Tonga et des îles Samoa. Wallis-et-Futuna est une COM française (Collectivité d'outre-mer). Wallis et Futuna sont deux grandes îles mais elles ne sont pas l'une à côté de l'autre. Il s'agit de deux groupes d'îles distants de 260 km. La population de ces deux îles est d'environ 13 000 habitants. Le capitaine britannique Samuel Wallis y accosta en 1766 et donnera son nom à l'île.

Mémento :
COM – deux îles séparées de 260 km – Samuel Wallis

La racine grecque -chrom- (Chromatique)

Chrom- signifie « couleur ».
On retrouve cette racine dans les mots : chromosome, monochrome…

5 raccourcis clavier

Ctrl + A	➥ tout sélectionner
Ctrl + Z	➥ annuler la dernière action
Alt + Tab	➥ changer de fenêtre
Windows + D	➥ réduit toutes les fenêtres et affiche le bureau
F4	➥ répète la dernière opération sous Microsoft Office

Oui, je parle latin : *Fluctuat nec mergitur*

En latin : « Il est battu par les flots mais ne sombre pas » (devise de Paris).

Robert Parker

Robert Parker est un Américain, décoré de la Légion d'honneur par Jacques Chirac, qui connaît parfaitement tous les grands vignobles français. Il goûte chaque année nos grands vins et leur attribue une note sur 100. Le phénomène est stupéfiant. À lui seul, il fait varier les cours des grands vins. Si ce francophile attribue une note de 90 ou plus à un vin, celui-ci devient immédiatement une pépite recherchée sur toute la planète et son prix grimpe en flèche. Tous ceux qui aiment le vin suivent les faits et gestes de Robert Parker de très près ! (site : www.erobertparker.com)

Mémento :
Américain – note les grands vins de 0 à 100

La déprise agricole

Ce terme décrit l'abandon de l'activité agricole sur des terres pour des raisons variées : activités plus assez rentables, pollution, parcelle trop petite, urbanisation galopante... Déprise agricole n'est pas un synonyme de jachère.

Mémento :
terres abandonnées

LEÇON 20

Les présidents de la IIIe République

Albert Lebrun (1932-1940)
Paul Doumer (1931-1932)
Gaston Doumergue (1924-1931)
Alexandre Millerand (1920-1924)
Paul Deschanel (1920-1920)
Raymond Poincaré (1913-1920)
Armand Fallières (1906-1913)
Émile Loubet (1899-1906)
Félix Faure (1895-1899)
Jean Casimir-Perier (1894-1895)
Marie-François Sadi Carnot (1887-1894)
Jules Grévy (1879-1887)
Patrice de Mac-Mahon (1873-1879)
Adolphe Thiers (1871-1873)

La racine grecque -cosmo- (Cosmopolite)

Cosmo- signifie « monde ».

On retrouve cette racine dans les mots : cosmonaute, macrocosme, microcosme...

Seychelles

Jean-Moreau de Séchelles fut le contrôleur général des Finances de Louis XV de 1754 à 1756. À partir de 1756, les Français ont commencé à s'installer sur ces îles et les Seychelles ont été baptisées en son nom.

Mémento :
Jean-Moreau de Séchelles – contrôleur général des Finances – 1756 – Louis XV

La première phrase

Vladimir Nabokov, *Lolita*

« **Lolita, lumière de ma vie, feu de mes reins.** Mon péché, mon âme. Lo-li-ta : le bout de la langue fait trois petits bonds le long du palais pour venir, à trois, cogner contre les dents. Lo. Li. Ta. Elle était Lo le matin, Lo tout court, un mètre quarante-huit en chaussettes, debout sur un seul pied. Elle était Lola en pantalon. Elle était Dolly à l'école. Elle était Dolorès sur le pointillé des formulaires. Mais dans mes bras, c'était toujours Lolita. »

Le lycée

Disciple de Platon pendant vingt ans, Aristote prendra ensuite ses distances. En 335 av. J.-C., il créera sa propre école philosophique : le Lycée.

Mémento :
le lycée – Aristote

La dette publique française

La dette publique française s'élève à 1 900 milliards d'euros, soit 29 000 euros par Français.

Mémento :
1 900 milliards – 29 000 € par habitant

Dulcinée

Ce mot vient de *Don Quichotte*, le roman de Miguel de Cervantès. Pour son héroïne, il avait choisi Dulcinée du Toboso (Dulcinea del Toboso). Le roman fut un immense succès et Dulcinée devint de façon familière et ironique un synonyme de bien-aimée.

Mémento :
Don Quichotte – Miguel de Cervantès –Dulcinée del Toboso

LEÇON 21

20 mots anglais pas anglais

En français, nous utilisons des mots anglais totalement inconnus des Anglais. La raison ? Les 20 mots qui suivent ne sont pas de l'anglais.

Un footing ➥ *a jog*

Un smoking ➥ *a dinner suit*

Un relooking ➥ *a makeover*

Un parking ➥ *a car park*

Un people ➥ *a celebrity*

Un flipper ➥ *a pinball*

Des baskets ➥ *sneakers or trainers*

Un baby-foot ➥ *a table football*

Un brushing ➥ *a blow-dry*

Un planning ➥ *a schedule*

Un talkie-walkie ➥ *a walkie-talkie*

Un tennisman ➥ *a tennis player*

Un rugbyman ➥ *a rugby player*

Un surbooking ➥ *an overbooking*

Un recordman ➥ *a record holder*

Un lifting	➥ *a face lift*
Faire le forcing	➥ *to put the pressure on*
Un camping-car	➥ *a camping van*
Le catch	➥ *wrestling*
Un stripteaseur	➥ *a stripper*

Extraits du livre, *Je révise mon anglais aux toilettes*, Éditions Tut-tut

Réflexe photo-sternutatoire

Ce réflexe touche entre 20 et 30 % de la population. Il désigne le réflexe d'éternuer lorsqu'on est soumis à une source de lumière forte, comme lorsqu'on regarde le soleil par exemple.

Mémento :
éternuement – forte source de lumière – réflexe photo-sternutatoire

La racine grecque -crat- (Démocratie)

Crat- signifie « maîtriser » ou « pouvoir ».
On retrouve cette racine dans les mots : autocrate, aristocratie...

L'indice Big Mac

L'indice Big Mac recense chaque année les prix du Big Mac sur toute la planète. Il a été inventé en 1986 par le journal *The Economist*. Le Big Mac est identique dans tous les pays. Il nécessite de la main-d'œuvre et des matières premières locales. Il constitue donc un indicateur précieux de pouvoir d'achat et de coût de la vie. De nombreux économistes prennent cette étude très au sérieux et l'ont utilisée dans leurs travaux.

En juillet 2013, les Big Mac les plus chers de la planète se trouvaient dans les cinq pays suivants :

Norvège ➥ 7,51 $

Venezuela ➥ 7,15 $

Suisse ➥ 6,72 $

Suède ➥ 6,16 $

Brésil ➥ 5,28 $

La France était en huitième position. Les trois pays les moins chers étaient l'Inde, l'Afrique du Sud et Hong Kong.

Mémento :
1986 – prix Big Mac – travaux des économistes

Les monnaies d'Asie

Le won est le nom de la monnaie officielle en Corée du Sud et en Corée du Nord.

Le yen est le nom de la monnaie officielle au Japon.

Le yuan est le nom de la monnaie officielle en Chine.

Won, yen et yuan signifient tous les trois la même chose : rond.

Mémento :
won en Corée – yuan en Chine – yen au Japon – rond

Oui, je parle latin : *Omnibus*

En latin : « pour tous ».

En français : un train omnibus est un train qui dessert toutes les stations sur son parcours.

Le Mobilier national

Le Mobilier national fournit l'ameublement des palais officiels de la République et des différentes résidences présidentielles. Il s'agit d'un immense garde-meuble dont l'origine remonte aux rois de France. Au XVIIe siècle, en raison de leur grand nombre, toutes les résidences royales n'étaient pas meublées à l'année, seules les résidences principales l'étaient. Juste avant l'arrivée du roi, on garnissait de meubles la résidence secondaire où il se rendait. Dès le départ du roi, on enlevait le mobilier. Un service du roi était en charge de ces déménagements permanents. Le « Garde-meuble de la Couronne » changea plusieurs fois de place et est, depuis 1937, dans un bâtiment laid en ciment dans les jardins de la Manufacture nationale de tapisserie des Gobelins (13e arrondissement de Paris). Le Président de la République y pioche des meubles pour arranger comme bon lui semble l'Élysée. Il a le choix puisque le Mobilier national est aujourd'hui responsable d'un ensemble d'environ 200 000 objets, de la tapisserie au lustre en passant par le vase. Ces meubles sont aussi utilisés dans l'hôtel Matignon, dans les ambassades de France à l'étranger, pour les réceptions lors des sommets internationaux hors de Paris.

Mémento :
XVIIe – Gobelins – Garde-meuble de la Couronne – 200 000 objets

10 capitales à connaître

Caracas	➥ Venezuela
Chisinau	➥ Moldavie
Dakar	➥ Sénégal
Djibouti	➥ Djibouti
Doha	➥ Qatar
Erevan	➥ Arménie
Gibraltar	➥ Gibraltar
Guatemala	➥ Guatemala
Katmandou	➥ Népal
Kiev	➥ Ukraine

La racine grecque -crypt- (Crypter)

Crypt- signifie « caché ».
On retrouve cette racine dans les mots : cryptogramme, décrypter, encrypter…

La date où tout a changé :
1927

Même si le passage de l'un à l'autre ne s'est pas fait d'un coup, 1927 est considéré comme la date qui marque la fin du cinéma muet. Cette année-là sort *The Jazz Singer* d'Alan Crosland, un film qui intègre plusieurs scènes chantées et des dialogues. Toutefois, une grande partie du film était encore muette.

Mémento :
1927 – fin du cinéma muet – *The Jazz Singer*

Hémérodrome

En grec ancien, hémérodrome signifie « qui peut courir toute une journée ». C'est ainsi qu'on appelait les porteurs de courrier grecs ou romains. Les meilleurs d'entre eux couraient effectivement toute la journée pour amener un courrier important à destination.

Mémento :
qui peut courir toute une journée

Pony Express

Le Pony Express était un service de livraison de courrier, de journaux et de petits paquets qui reliait l'Est des

États-Unis à la Californie en un temps record. Le trajet se faisait à cheval en dix jours environ grâce à une série de stations relais. En 1860, il était le moyen le plus rapide de transmettre un message de l'Est à l'Ouest avant que le télégraphe ne le supplante. Pour assurer son fonctionnement, il y avait environ 160 stations, séparées d'environ 16 miles chacune. Cela correspondait à la distance que pouvait parcourir un cheval au galop sans faiblir. À chaque station, le cavalier échangeait son cheval pour un autre et ne gardait avec lui que la poche de courrier. Plus de 400 chevaux étaient mobilisés.

Mémento :
1860 – 160 stations – 400 chevaux – 10 jours

La litote

Litote : Figure de rhétorique consistant à se servir d'une expression qui dit moins pour faire comprendre plus. Dans *Le Cid* de Corneille, quand Chimène dit à Rodrigue « Va, je ne te hais point », elle veut lui faire entendre qu'elle l'aime toujours, et se sert d'une litote.

Étoile du Berger

L'étoile du Berger est en fait une planète, Vénus.

Le cheval de Dalécarlie

La province de Dalécarlie est située au centre de la Suède. Le cheval de Dalécarlie est aujourd'hui un des symboles du pays. Il s'agit d'un petit cheval en bois décoratif souvent de couleur rouge. Vous l'avez certainement déjà vu. On raconte que pendant l'hiver 1716, alors que la guerre sévissait un peu partout en Europe, de nombreux soldats se réfugiaient dans des maisons privées pour se protéger de l'hiver. Ils souffraient du froid et du manque de nourriture. Un de ces soldats sculpta un petit cheval en utilisant des déchets de bois dans la maison dans laquelle il s'était réfugié pour la nuit. Il le peignit en rouge vif et ajouta à son cheval un joli harnais décoratif et une selle. Il offrit son cheval à un enfant dans la maison. Sa maman donna en retour au soldat un bol de soupe chaude. Cette histoire toute simple s'est répandue parmi les soldats et un système de troc a vu le jour. Pendant leur temps libre, de plus en plus de soldats se sont mis à sculpter et à peindre des chevaux afin de les échanger contre de la nourriture chaude.

Mémento :
cheval de Dalécarlie – 1716 – soldats – hiver – soupe chaude

La date où tout a changé : 1066

1066 est l'année de la bataille d'Hastings, le point culminant de la conquête de l'Angleterre par le duc de Normandie, Guillaume le Conquérant. Une conquête qui va ensuite profondément changer l'Angleterre et qui explique aussi pourquoi aujourd'hui des milliers de mots sont similaires en français et en anglais.

Mémento :
1066 – bataille Hastings – duc de Normandie – Guillaume le Conquérant

Les symboles des principales monnaies

Le Forex est le marché des changes sur lequel les devises sont échangées l'une contre l'autre au cours du jour. Une norme internationale fixe des codes de trois lettres pour chaque devise, des abréviations que l'on retrouve ensuite un peu partout.

EUR : euro – **€**
USD : dollar américain – **$**
CHF : franc suisse – **CHF**
GBP : livre sterling – **£**
JPY : yen japonais – ¥

La racine grecque -démo- (Démographie)

Démo- signifie « peuple ».
On retrouve cette racine dans les mots : démocratie, démagogie, épidémie...

Une balise Argos

Le système Argos est un système de localisation par satellite. On en entend souvent parler lors des courses de voiliers. Dans la mythologie grecque Argos était un personnage qui avait cent yeux. Afin de tout voir, 50 de ses yeux se reposaient pendant que les 50 autres étaient ouverts.

Mémento :
Argos – mythologie – 100 yeux – 50 yeux

Les téléphones rouges

En 1963, à la suite de la crise des missiles de Cuba, une ligne directe a été installée entre le bureau du président américain et le Kremlin. Elle n'a jamais été une paire de téléphones rouges. Il s'agit d'un mythe populaire propagé par Hollywood. La hotline qui reliait les États-Unis à l'URSS était en réalité des télétypes sécurisés qui envoyaient des messages via des signaux électriques.

Mémento :
1963 – crise des missiles de Cuba – télétypes sécurisés

Oui, je parle latin : *Mea culpa*

En latin : « ma faute ».

LEÇON 24

Ne pas confondre :
Menhir | Dolmen

Menhir : Nom de grandes pierres dressées et plantées verticalement dans le sol.

Dolmen : Monument formé d'une grande pierre plate posée sur deux pierres dressées verticalement, que l'on trouve surtout en Bretagne et en Angleterre.

La première phrase

Émile Zola, *Germinal*

« **Dans la plaine rase, sous la nuit sans étoiles, d'une obscurité et d'une épaisseur d'encre, un homme suivait seul la grande route de Marchiennes à Montsou, dix kilomètres de pavé coupant tout droit, à travers les champs de betteraves.** Devant lui, il ne voyait même pas le sol noir, et il n'avait la sensation de l'immense horizon plat que par les souffles du vent de mars, des rafales larges comme sur une mer, glacées d'avoir balayé des lieues de marais et de terres nues. Aucune ombre d'arbre ne tachait le ciel, le pavé se déroulait avec la rectitude d'une jetée, au milieu de l'embrun aveuglant des ténèbres. »

La racine grecque -derm- (Dermatologue)

Derm- signifie « peau ».

On retrouve cette racine dans les mots : épiderme, pachyderme…

La date où tout a changé : le 22 novembre 1963

John Fitzgerald Kennedy a été abattu le 22 novembre 1963 à Dallas. Il effectuait alors une tournée électorale afin d'assurer sa réélection en 1964. Après sa mort, il sera remplacé par son vice-président, Lyndon Baines Johnson. Johnson terminera la présidence de JFK. Ensuite, il remportera largement l'élection présidentielle de 1964.

Mémento :
22 novembre 1963 – Dallas – Lyndon Baines Johnson – réélu en 1964

Oui, je parle latin : *Forum*

En latin : *forum* = marché, place publique.

En français : Terme d'Antiquité romaine. Place où se tenait quelque marché. Place où le peuple romain discutait les affaires publiques. Site où les internautes échangent des messages et des idées.

Les 5 plus grandes villes du Royaume-Uni

En dehors de Londres, aucune ville ne dépasse le million d'habitants.

Londres	→ 7 500 000 habitants
Birmingham	→ 990 000 habitants
Glasgow	→ 600 000 habitants
Manchester	→ 460 000 habitants
Édimbourg	→ 440 000 habitants

Mémento :
Londres – 7,5 millions d'habitants

Méduse

Méduse était un personnage mythologique. Son seul regard pouvait changer en pierre tous ceux qui la regardaient. Ce pouvoir est à l'origine du verbe méduser.

Mémento :
Méduse – mythologie – changer en pierre – méduser

Oui, je parle latin : *Habemus papam*

En latin : « Nous avons un pape » (phrase prononcée à la fin d'un conclave). Le conclave est le lieu où les cardinaux s'assemblent après la mort d'un pape, pour lui choisir un successeur.

Où tu veux !

Le gerris lacustre est une punaise qui a un corps allongé d'environ 1 cm. On l'aperçoit très souvent dans nos régions. Ses pattes sont très grandes et très écartées. Sa particularité : il se déplace à la surface des étangs et des mares sans couler. En raison de sa façon de se déplacer sur l'eau, il est surnommé « patineur des étangs ». Les Anglais l'appellent « Jesus bug » (Jésus l'insecte). Le plus étonnant chez cet insecte n'est pas sa capacité à marcher sur l'eau mais la façon dont il se reproduit au printemps. Le mâle pénètre le corps de la femelle n'importe où, dans le thorax, dans l'abdomen ou dans la tête. Le corps de la femelle est ensuite capable de transférer la semence du mâle jusqu'à ses organes génitaux.

LEÇON 25

Révolution de la Terre

La Terre tourne autour du Soleil en 365,256 jours, soit 365 jours, 6 heures et 9 minutes. Ces six heures de décalage sont la raison pour laquelle on ajoute un jour de plus au mois de février tous les quatre ans (6 h x 4 = 24 h).

Mémento :
365,256 jours

Evzones

Evzones : Membres de la garde présidentielle grecque qui en habit traditionnel gardent le Parlement et le palais présidentiel. On les a souvent vus pendant la crise de la dette grecque.

Mémento :
garde présidentielle grecque

La racine grecque -dia- (Diamètre)

Dia- signifie « à travers ».
On retrouve cette racine dans les mots : dialecte, diarrhée, diagnostic...

Bordeaux : les bonnes années

Selon Robert Parker, pour le bordeaux, les meilleurs millésimes sont :

2010 – 2009 – 2008 – 2005 – 2000 – 1990

Le coprince d'Andorre

Notre Président de la République est aussi le coprince de la principauté d'Andorre. Coprince car ils sont deux. Son homologue est l'évêque d'Urgell (une ville catalane située à proximité de la frontière avec l'Andorre). Le Président de la République française doit arbitrer et modérer le fonctionnement des pouvoirs publics et des institutions andorrans. C'est Henri IV qui a attaché au titre de roi de France celui de coprince d'Andorre. Après la Révolution, la France a cessé d'exercer sa souveraineté sur Andorre. Plus tard, Napoléon revendiqua la continuité de la cosouveraineté française sur Andorre.

Mémento :
président – coprince d'Andorre – l'évêque d'Urgell – Henri IV – Napoléon

Tartan

Tartan : Étoffe celtique à carreaux de diverses couleurs. Elle est utilisée pour fabriquer les kilts.

Mémento :
tartan – étoffe à carreaux – kilts

Volubile

Volubile : Qualifie une personne qui parle beaucoup et avec aisance. C'est aussi un terme de botanique. Le liseron et le houblon sont des plantes volubiles. L'adjectif volubile signifie « Qui se roule en hélice autour des corps voisins ». On comprend alors comment ce mot a évolué vers son sens figuré actuel.

Mémento :
qui se roule en hélice – botanique

Oui, je parle latin : *Décorum*

En latin : « ce qui convient, ce qui sied ».

En français : l'étiquette et les règles de bienséance à observer ou un décor pompeux.

LEÇON 26

L'ordre dorique, l'ordre ionique, l'ordre corinthien

On distingue trois ordres en architecture grecque. Les voici, du plus épuré au plus riche :

1. **L'ordre dorique** est le plus épuré des trois ordres. La colonne est cannelée et simple. Le Parthénon d'Athènes est un temple dorique.

2. **L'ordre ionique.** Le haut de la colonne ionique est orné de deux volutes latérales.

3. **L'ordre corinthien** est caractérisé par une grande richesse d'éléments décoratifs.

Ne pas confondre :
Parthénon | Acropole

À Athènes, le Parthénon est un temple dorique consacré à la déesse Athéna. Il a été érigé en 447 av. J.-C et est situé sur l'Acropole. Acropole signifie « ville haute ». L'acropole d'Athènes est sur le plateau rocheux qui surplombe le reste de la ville et les habitats.

Mémento :
Parthénon = temple dorique pour la déesse Athéna – Acropole = ville haute

La date où tout a changé : 1906 : San Francisco

En 1906, alors que San Francisco était déjà un centre économique important, un tremblement de terre de magnitude 8 et surtout l'incendie qui s'ensuivit détruisirent plus de 80 % de la ville. Cette catastrophe est aujourd'hui encore connue de tous les habitants de la ville.

Mémento :
1906 – tremblement de terre – 80 % de la ville détruite

La racine grecque -diplo- (Diplodocus)

Diplo- signifie « double ».
On retrouve cette racine dans les mots : diplocéphale, diploïde...

La première phrase

Molière, *Dom Juan*

« SGANARELLE, tenant une tabatière : **Quoi que puisse dire Aristote, et toute la philosophie, il n'est rien d'égal au tabac : c'est la passion des honnêtes gens, et qui vit sans tabac n'est pas digne de vivre.** Non seulement il réjouit et purge les cerveaux humains, mais encore il instruit les âmes à la vertu, et l'on apprend avec lui à devenir honnête homme. Ne voyez-vous pas bien, dès qu'on en prend, de quelle manière obligeante on en use avec tout le monde, et comme on est ravi d'en donner à droite et à gauche, partout où l'on se trouve ? On n'attend pas même qu'on en demande, et l'on court au-devant du souhait des gens : tant il est vrai que le tabac inspire des sentiments d'honneur et de vertu à tous ceux qui en prennent. »

LEÇON 27

Lapalissade

Lapalissade : Affirmation ou réflexion niaise par laquelle quelqu'un exprime une évidence ou une banalité.

La racine grecque -dox- (Paradoxale)

Dox- signifie « opinion ».
On retrouve cette racine dans les mots : orthodoxe, doxa, paradoxe...

La loi du talion

La loi du talion est l'une des plus anciennes lois de la planète. Elle est résumée dans l'expression « Œil pour œil, dent pour dent ». Avec la loi du talion, le coupable reçoit la même peine que celle qu'il a infligée à sa victime, une peine égale au crime qu'il a commis. Cette idée apparaît dès 1750 av. J.-C. dans le code du roi Hammurabi (un texte juridique babylonien). L'idée a été reprise dans de nombreux textes religieux.

Mémento :
œil pour œil – 1750 av. J.-C. – code du roi Hammurabi – Babylone

Walhalla

Le Walhalla est le paradis des Vikings. Pour y accéder, il faut mourir en brave sur le champ de bataille. Celles qui choisissent ceux qui meurent sur le champ de bataille et qui partiront pour le Walhalla sont les valkyries, des divinités féminines.

Le paradis des Vikings est singulier. Il s'agit d'un immense édifice comportant 640 portes où les élus (*einherjar*) festoient en mangeant du sanglier et combattent les uns contre les autres, sans peur, puisqu'ils ressuscitent le lendemain. La maître du Walhalla est le dieu nordique Odin.

Mémento :
paradis vikings – mourir au combat – valkyries – 640 portes – festin – combat quotidien – Odin

Nonobstant

Nonobstant est un synonyme de « malgré » ou « en dépit de ». Il s'utilise de la même façon.

Exemples :
Nonobstant le fait que vous attendiez des réponses du Parlement…
Nonobstant les questions de terminologie…
Nonobstant un ralentissement de la croissance en 2006…

Mémento :
Nonobstant = en dépit de

Ératosthène

Les Grecs ont acquis très tôt la certitude que la Terre était ronde. Au IIIe siècle av. J.-C., le directeur de la bibliothèque d'Alexandrie, Ératosthène, observe que le 21 juin à midi, l'ombre d'un objet n'est pas la même à Assouan qu'à Alexandrie. Géographiquement, Alexandrie est plus au nord qu'Assouan. Il estime la distance entre les deux villes et utilise des calculs de trigonométrie. Il en déduit que la circonférence de la Terre est de 250 000 stades. À 1 000 km près, il avait deviné la circonférence exacte de la Terre.

La première phrase

Louis Aragon, *Aurélien*

« **La première fois qu'Aurélien vit Bérénice, il la trouva franchement laide.** Elle lui déplut, enfin. Il n'aima pas comment elle était habillée. Une étoffe qu'il n'aurait pas choisie. Il avait des idées sur les étoffes. Une étoffe qu'il avait vue sur plusieurs femmes. »

LEÇON 28

Stalingrad | Leningrad

Tsaritsyne (1589-1925) → **Stalingrad** (1925-1961) → **Volgograd**

Cette ville est située sur la Volga. En 1961, Stalingrad, « la ville de Staline », a été renommée « Ville de la Volga ».

Saint-Pétersbourg (1703-1914) → **Petrograd** (1914-1924) → **Leningrad** (1924-1991) → **Saint-Pétersbourg**

La ville de Saint-Pétersbourg a retrouvé son nom d'origine en 1991 à la suite d'un référendum.

Mémento :
Tsaritsyne → Stalingrad → Volgograd → Saint-Pétersbourg → Petrograd → Leningrad → Saint-Pétersbourg

La racine grecque -dram- (Drame)

Dram- signifie « action ».
On retrouve cette racine dans les mots : mélodrame, psychodrame, dramaturge...

Anse aux Meadows

L'Anse aux Meadows est un site archéologique de l'île de Terre-Neuve. Il constitue une preuve indiscutable de la présence des Vikings en Amérique du Nord au XIe siècle. L'habitat et les objets en fer forgé que les archéologues y ont retrouvés sont identiques à ceux qu'utilisaient les Vikings en Norvège.

Mémento :
Anse aux Meadows – Terre-Neuve – Vikings – XIe siècle

Innsbruck | Sarrebruck

Le mot allemand *Brücke* signifie « pont ». Ainsi, il devient facile de savoir que la rivière Inn passe à Innsbruck et que la Sarre passe à Sarrebruck. Les noms de ces villes signifiant littéralement « le pont sur... » et indiquaient l'endroit où l'on pouvait traverser la rivière. Plus précisément, Sarrebruck se dit Saarbrücken en allemand. *Brücken* étant le pluriel de *Brücke*, le nom de la ville signifie « les ponts sur la Sarre ».

Mémento :
Innsbruck – Sarrebruck – le pont sur... – Sarre – Inn

Babord | Tribord

Babord : Partie gauche du bateau lorsque l'on regarde vers l'avant du bateau.

Tribord : Partie droite du bateau lorsque l'on regarde vers l'avant du bateau.

Mémento :
babord = gauche – tribord = droite

Ne pas confondre :
Parricide | Assassinat | Meurtre | Infanticide

Parricide : Meurtre du père ou de la mère.
Infanticide : Meurtre d'un enfant de moins de 15 ans ou d'un nouveau-né.
Meurtre : Homicide commis volontairement.
Assassinat : Meurtre commis avec préméditation ou guet-apens.

La première phrase

André Malraux, *La Condition humaine*

« **Tchen tenterait-il de lever la moustiquaire ?** Frapperait-il au travers ? L'angoisse lui tordait l'estomac ; il connaissait sa propre fermeté, mais n'était capable en cet instant que d'y songer avec hébétude, fasciné par ce tas de mousseline blanche qui tombait du plafond sur un corps moins visible qu'une ombre, et d'où sortait seulement ce pied à demi incliné par le sommeil, vivant quand même – de la chair d'homme. »

Renvoyer aux calendes grecques ou calanques grecques

L'expression exacte est « renvoyer aux calendes grecques ». Calendes est toujours au pluriel. Dans le calendrier romain, les calendes correspondaient au premier jour de chaque mois mais dans le calendrier grec, il n'y avait pas de calendes. Renvoyer aux calendes grecques signifie « remettre une chose à un jour qui ne viendra jamais ». Renvoyer aux calendes grecques, c'est renvoyer à la Saint-Glinglin !

LEÇON 29

Le faisceau de licteur

Le faisceau de licteur est présent sur presque tous les documents officiels de la République française. Il est le symbole de notre République. Il se compose d'une hache entourée de branches de chêne. Ces branches symbolisent la justice. Il y a aussi des branches d'olivier. Elles symbolisent la paix. Le tout est protégé par un bouclier sur lequel sont apposées les initiales RF, pour République française.

Cet emblème vient de la Rome antique. Les licteurs étaient l'escorte des magistrats. Ils marchaient devant les magistrats pour écarter la foule. Ils venaient le cas échéant pour exécuter des sentences. Ils emportaient donc avec eux un faisceau de verges destiné aux punitions corporelles. En dehors de Rome, ils emportaient aussi une hache qui représentait la peine de mort par décapitation.

Sous la Révolution, le faisceau de licteur prendra un nouveau sens. Il signifiera désormais que le pouvoir appartient au peuple. C'est ainsi qu'il est devenu le symbole de la République française.

Mémento :
hache – chêne = justice – olivier = paix – licteurs – magistrats – révolution

Lire les chiffres romains

Les symboles :

I = 1
V = 5
X = 10
L = 50
C = 100
D = 500
M = 1 000

Les règles

Les chiffres romains se lisent de droite à gauche. Si une lettre d'unité est placée immédiatement à la gauche d'une lettre plus grande qu'elle, il faut la retrancher au nombre qui suit, si elle est sur la droite, on l'additionne.

C'est ainsi que :
IV = 4
VI = 6

La même lettre d'unité ne peut être employée plus de trois fois consécutives (à l'exception de M).

Exemples :

DCCCLXXXVI = 500 + 300 + 50 + 10 + 10 + 10 + 5 + 1 = 886
MDXVII = 1 000 + 500 + 10 + 7 = 1517
MCMLXXXVII = 1 000 + (1 000 - 100) + 50 + 10 + 10 + 10 + 5 + 1 + 1 = 1987

La vitesse de la lumière

Vitesse de la lumière = 299 792 458 m/s

Mémento :
environ 300 000 000 m/s

La racine grecque -drom- (Hippodrome)

Drom- signifie « course ».
On retrouve cette racine dans les mots : boulodrome, vélodrome, dromadaire…

La première phrase

Marcel Proust, *Du côté de chez Swann*

« **Longtemps je me suis couché de bonne heure.** Parfois, à peine ma bougie éteinte, mes yeux se fermaient si vite que je n'avais pas le temps de me dire : "Je m'endors." Et, une demi-heure après, la pensée qu'il était temps de chercher le sommeil m'éveillait ; je voulais poser le volume que je croyais avoir encore dans les mains et souffler ma lumière ; je n'avais pas cessé en dormant de faire des réflexions sur ce que je venais de lire, mais ces réflexions avaient pris un tour un peu particulier ; il me semblait que j'étais moi-même ce dont parlait l'ouvrage : une église, un quatuor, la rivalité de François Ier et de Charles Quint. »

Les 4 choses à savoir sur le degré Fahrenheit

- Le degré Fahrenheit est une unité de mesure de la température utilisée aux États-Unis, à Belize et aux îles Caïmans.
- L'abréviation du degré Fahrenheit est °F.
- L'eau gèle à 32 °F et bout à 212 °F.
- La formule pour transformer des degrés Fahrenheit en degrés Celsius est T(°C) = (T[°F] - 32)/1,8.

Mémento :
États-Unis – Belize – Caïmans – °F – gèle à 32 °F – bout à 212 °F – T(°C) = (T[°F] – 32)/1,8

Oui, je parle latin : *Libido*

En latin : « envie », « convoitise », « désir irrésistible ».

LEÇON 30

Lewis E. Waterman

En 1883, Lewis E. Waterman est courtier d'assurances à New York. Il s'apprête à signer un contrat très important mais au moment de signer, son stylo répand une flaque d'encre sur le contrat. Le temps que Waterman trouve un autre stylo et un autre contrat, un de ses concurrents conclura l'affaire. À la suite de cette mésaventure, il sera déterminé à ne plus jamais perdre ainsi un contrat et commença à travailler sur l'élaboration d'un système fiable. Il utilisera le principe de la capillarité pour créer les stylos à plume qui ne coulent pas et que l'on utilise encore aujourd'hui.

Mémento :
1883 – courtier assurances – NY – gros contrat – flaque d'encre – capillarité

La racine grecque -dyn- (Dynamo)

Dyn- signifie « force ».
On retrouve cette racine dans les mots : dynamique, dynamite, dynamomètre...

Les provinces illyriennes

Pendant quelques années, la Croatie et la Slovénie ont été sous l'influence de la France. Ces provinces ont été instaurées le 14 octobre 1809 avec le traité de Schönbrunn. L'influence française sur la région ne dura pas puisqu'en 1813, l'Autriche déclara la guerre à l'Empire français et envahit ces régions.

Mémento :
Croatie – Slovénie – traité de Schönbrunn – 1809-1813

La première phrase

Jean-Jacques Rousseau, *Les Confessions*

« **Je forme une entreprise qui n'eut jamais d'exemple et dont l'exécution n'aura point d'imitateur. Je veux montrer à mes semblables un homme dans toute la vérité de la nature ; et cet homme ce sera moi.** Moi seul. Je sens mon cœur et je connais les hommes. Je ne suis fait comme aucun de ceux que j'ai vus ; j'ose croire n'être fait comme aucun de ceux qui existent. Si je ne vaux pas mieux, au moins je suis autre. Si la nature a bien ou mal fait de briser le moule dans lequel elle m'a jeté, c'est ce dont on ne peut juger qu'après m'avoir lu. »

Un triumvirat

Triumvirat : Association ou union de trois personnes pour exercer le pouvoir.

Baril de pétrole

Un baril = 42 gallons = 159 litres

Mémento :
baril – gallon

Royal Dutch Shell

La Royal Dutch Shell est l'une des plus grandes multinationales de la planète. L'entreprise a réalisé 46 milliards de dollars de bénéfices en 2012.

Stakhanov

Alekseï Stakhanov était un mineur soviétique. En 1935, à l'occasion d'un concours, il aurait extrait 102 tonnes en 6 heures de travail. La norme moyenne était alors de 7 tonnes. Grâce à la propagande soviétique, il est devenu un héros et un exemple à suivre pour tous les ouvriers du pays. Il est à l'origine du stakhanovisme et du mot stakhanoviste.

Mémento :
Alekseï Stakhanov – 1935 – charbon – stakhanovisme – stakhanoviste

Oui, je parle latin : *Lavabo*

En latin : *lavabo* = je laverai.

Puta et putus
Le mot pute vient du latin *puta* qui signifie « jeune fille » et *putus*, « jeune garçon ». Par son étymologie, pute n'implique aucun mauvais sens, pas plus que garce.

LEÇON 31

La mer d'Aral

Deux pays se partagent la mer d'Aral : l'Ouzbékistan et le Kazakhstan. Entre 1960 et aujourd'hui, sa superficie a été divisée par près de quatre.

Mémento :
Ouzbékistan – Kazakhstan – superficie divisée par 4 depuis 1960

Conchier

Conchier : Souiller avec des excréments.

« Je conchie sur mes souvenirs. »

Flaubert, *Correspondance, 1855*

La racine grecque -dys- (Dystrophie)

Dys- signifie « difficulté ».
On retrouve cette racine dans les mots : dyslexie, dysenterie, dysplasie...

L'extinction des dinosaures

L'extinction Crétacé-Tertiaire qui a mené à la disparition de nombreuses espèces dont les dinosaures a eu lieu il y a 65 millions d'années. Les scientifiques ne savent toujours pas expliquer avec certitude pourquoi. Cependant, ils sont nombreux à évoquer des impacts d'astéroïdes et/ou une forte activité volcanique. Ces événements catastrophiques auraient bloqué pendant plusieurs années une partie de la lumière du soleil, bloquant du même coup la photosynthèse.

Mémento :
65 millions d'années

H&M

H&M signifie Hennes & Mauritz. H&M a été créé par Erling Persson en 1947. Il a ouvert un premier magasin en Suède. L'enseigne s'appelait alors Hennes.

Mémento :
Hennes & Mauritz – Suède

La retraite des présidents de la République

Nos anciens présidents reçoivent une belle retraite. On estime que Jacques Chirac et Valéry Giscard d'Estaing touchent chaque mois environ 30 000 €. La loi ne fixant aucune limite d'âge, nos anciens présidents touchent leur retraite dès la fin de leur mandat. Ils la cumulent avec les pensions issues de leurs mandats de député, de maire... Ils ont de plus une place de membre du Conseil constitutionnel rémunérée près de 13 000 € par mois. Nos anciens présidents se sont tous vu attribuer un appartement meublé et équipé, des policiers pour les protéger, une voiture de fonction avec deux chauffeurs à leur disposition, des voyages gratuits et illimités dans les trains SNCF et dans les avions d'Air France. Ils disposent aussi d'une équipe de huit personnes pour les épauler au quotidien dans leur travail. Après leur décès, la moitié de leur dotation est réversible sur la tête de leur femme ainsi que la plupart de leurs avantages en nature. Le général de Gaulle aurait refusé de toucher sa retraite de président de la République.

Mémento :
env. 30 000 € – membre du Conseil constitutionnel
13 000 € – nombreux assistants

La première phrase

Marcel Pagnol, *La Gloire de mon père*

« Je suis né dans la ville d'Aubagne, sous le Garlaban couronné de chèvres, au temps des derniers chevriers. Garlaban, c'est une énorme tour de roches bleues, plantée au bord du Plan de l'Aigle, cet immense plateau rocheux qui domine la verte vallée de l'Huveaune. »

8 dates de publications de grands livres

1597 : *Roméo et Juliette* – William Shakespeare
1637 : *Le Cid* – Pierre Corneille
1670 : *Le Bourgeois gentilhomme* – J.-B. Poquelin dit Molière
1719 : *Robinson Crusoé* – Daniel Defoe
1726 : *Les Voyages de Gulliver* – Jonathan Swift
1813 : *Orgueil et Préjugés* – Jane Austen
1818 : *Frankenstein* – Mary Shelley
1831 : *Notre-Dame de Paris* – Victor Hugo

LEÇON 32

Les 8 choses à savoir sur la tour Eiffel

- Elle a été construite par Gustave Eiffel et ses collaborateurs pour l'Exposition universelle de Paris de 1889.
- Elle mesure 324 mètres de haut (avec les antennes).
- Sa première dénomination a été « tour de 300 mètres ».
- Elle a été le monument le plus élevé du monde pendant 41 ans.
- Elle a été construite en seulement deux ans et deux mois.
- Elle accueille 6 millions de visiteurs par an.
- Le billet jusqu'au 3e étage coûte 14,50 €.
- En novembre 1905, le quotidien *Le Sport* organisa le « championnat de l'escalier ». Le vainqueur monta au 2e étage en 3 minutes 12 secondes. Vous pouvez vous attaquer à ce record avec un billet escalier jusqu'au 2e étage à 5 €.

Mémento :
1889 – 324 m – tour de 300 m – 2 ans et 2 mois – 6 millions visiteurs

Cornac

Cornac : Nom que l'on donne au conducteur d'un éléphant.

La racine grecque -eco- (Écologie)

Eco- signifie « maison », « chez soi ».
On retrouve cette racine dans les mots : économie, écologie, écosystème…

Les apaches

La délinquance dans Paris n'est pas apparue au cours des dernières décennies. Il y a un peu plus d'un siècle, au début des années 1900, la presse titrait déjà que Paris était envahi de jeunes criminels et que la délinquance y grimpait en flèche. Au début du siècle dernier, on surnommait apaches des groupes de jeunes hommes de 15 à 20 ans commettant des actes de délinquance dans Paris. Les apaches accordaient une importance particulière à leur tenue vestimentaire et notamment à leurs chaussures qui devaient briller. C'est la presse qui leur a donné ce nom d'apaches.

Mémento :
Les apaches – délinquance – Paris

La première phrase

Louis-Ferdinand Céline, *Voyage au bout de la nuit*

« **Ça a débuté comme ça.** Moi, j'avais jamais rien dit. Rien. C'est Arthur Ganate qui m'a fait parler. Arthur, un étudiant, un carabin lui aussi, un camarade. On se rencontre donc place Clichy. C'était après le déjeuner. Il veut me parler. Je l'écoute. »

L'amble

Amble : Allure dans laquelle certains animaux, dont les camélidés, lèvent ensemble les deux pattes du même côté.

Oui, je parle latin : *Visa*

En latin : *visa carta* = papier vu.

LEÇON 33

Le Président de la République, un dictateur

La Constitution de la Ve République prévoit dans son article 16 que le président de la République puisse disposer de pouvoirs exceptionnels en cas de conditions exceptionnelles. Voici les deux conditions pour que cet article s'applique : 1. « Les institutions de la République, l'indépendance de la nation, l'intégrité de son territoire ou l'exécution de ses engagements internationaux » sont menacées « d'une manière grave et immédiate » ; 2. « Le fonctionnement régulier des pouvoirs publics constitutionnels (Assemblée, Sénat, Conseil constitutionnel...) est interrompu ». Quand ces conditions sont réunies, le Président doit informer de façon officielle le Premier ministre, les présidents des assemblées et le Conseil constitutionnel de son intention de faire appel à l'article 16. Il n'a pas besoin d'obtenir leur accord. Pendant la période de mise en œuvre des pouvoirs exceptionnels, le président de la République doit faire tout son possible pour permettre aux pouvoirs publics constitutionnels de reprendre leur mission rapidement. L'article 16 n'a été utilisé qu'une seule fois, par le général de Gaulle, pour faire face à la crise du putsch des Généraux, en 1961.

Mémento :
article 16 – pouvoirs exceptionnels – général de Gaulle – 1961

La signification des abréviations de votre clavier

Key signifie touche en anglais.

Ctrl ➥ control key

Alt ➥ alternate key

Alt gr ➥ alternate graphic

Fn ➥ fonction

Tab ➥ tabulation

La Jamais contente

En 1899, la Jamais contente fut la première voiture à dépasser les 100 km/h. C'était une voiture électrique en forme d'obus.

Mémento :
1899 – voiture électrique – 100 km/h

La racine grecque -epi- (Épiderme)

Epi- signifie « au-dessus ».

On retrouve cette racine dans les mots : épiphénomène, épitaphe...

Paparazzo

Dans *La Dolce Vita* de Federico Fellini, Marcello Mastroianni, le héros du film, est souvent accompagné d'un jeune photographe qui porte le nom de Paparazzo. C'est lui qui a donné son nom aux paparazzi. En italien, paparazzi est le pluriel de paparazzo. Cependant, en français, on dit un paparazzi.

Mémento :
La Dolce Vita – Fellini – Marcello Mastroianni - photographe Paparazzo

Un éphèbe

Éphèbe : Terme d'Antiquité grecque. Jeune homme parvenu à l'âge de la puberté.

« J'arrivai alors de Perse, je le trouvai dans la dix-huitième année ; c'est à cet âge que les enfants des Athéniens passent dans la classe des éphèbes et sont enrôlés dans la milice. »

Barthélemy, *Voyage d'Anacharsis*, ch. 26

10 capitales à connaître

Ouagadougou	➥ Burkina Faso
Oulan-Bator	➥ Mongolie
Port-au-Prince	➥ Haïti
Pyongyang	➥ Corée du Nord
Rabat	➥ Maroc
Reykjavik	➥ Islande
Riga	➥ Lettonie
Riyad	➥ Arabie Saoudite
Rome	➥ Italie
Sofia	➥ Bulgarie

LEÇON 34

Python

Le python était un serpent monstrueux qui désolait les environs de Delphes, et qu'Apollon tua à coups de flèches.

Keep Calm And Carry On

« Keep Calm And Carry On » est une affiche que l'on retrouve aujourd'hui un peu partout et notamment sur des centaines de souvenirs anglais (mugs, tapis de souris, tee-shirts...). L'expression signifie « Restez calme et continuez ». Cette affiche a été créée en 1939 plusieurs mois avant le début de la guerre alors qu'on prévoyait déjà des attaques aériennes sur les métropoles anglaises. Elle était le troisième volet d'une série. Les deux autres affiches étant « Freedom Is In Peril. Defend It With All Your Might » et « Your Courage, Your Cheerfulness, Your Resolution Will Bring Us Victory ». À l'époque, les deux premières affiches ont été utilisées mais cette troisième n'a pas été diffusée, ou très peu, et, il y a encore quelques années, personne ne la connaissait.

En 2000, un libraire achète aux enchères un carton contenant un lot de livres. Il y découvre l'affiche « Keep calm and carry on ». Avec sa femme, il décide d'encadrer l'affiche et de la placer au-dessus de la caisse enregistreuse. Elle suscita un vif intérêt chez les clients qui l'aperçurent. Le libraire commença donc à en faire des tirages pour les vendre à ses clients. D'autres libraires et magasins de souvenirs lui emboîtèrent le pas. Et c'est ainsi que nous sommes arrivés aujourd'hui à la diffusion mondiale de ce poster.

Formation de la Terre

Formation de la Terre	➥ Il y a 4,6 milliards d'années
Apparition de la première vie	➥ Il y a environ 3,5 à 3,8 milliards d'années
Apparition de l'*Homo sapiens* moderne	➥ il y a environ 200 000 ans en Afrique

La racine grecque -gramm- (Grammaire)

Gramm- signifie « lettre ».
On retrouve cette racine dans les mots : anagramme, chronogramme...

Inditex

Zara, Bershka, Pull & Bear, Stradivarius, Massimo Dutti et Oysho sont des marques du groupe espagnol Inditex, le leader mondial de la confection textile.

Méhari

Le nom choisi par Citroën en 1968 pour sa petite voiture décapotable pour les loisirs de plein air est aussi le nom donné aux petits dromadaires utilisés pour des courses en Afrique du Nord et au Sahara.

Mémento :
un méhari – petit dromadaire rapide – courses

Mener une vie de patachon

Une patache était une diligence peu onéreuse, non suspendue et peu confortable. Le conducteur d'une patache était un patachon. On disait que les patachons avaient une vie agitée, de débauche et décousue... C'est cette image qui est à l'origine de l'expression « mener une vie de patachon ».

Mémento :
patache – diligence peu confortable – patachon – chauffeur

LEÇON 35

L'art topiaire

L'art topiaire est l'art d'orner les jardins et de donner aux arbres des formes diverses. C'est-à-dire de tailler les haies de façon géométrique ou de les transformer en animaux, par exemple. Cet art est né dès la Rome antique sous le nom latin d'*ars topiara* (art du paysage).

Mémento :
ars topiara – art du paysage – Rome antique

La racine grecque -gyro- (Gyroscope)

Gyro- signifie « cercle ».
On retrouve cette racine dans les mots : gyrophare, dextrogyre...

La date où tout a changé : le 30 juin 1991

En Afrique du Sud, en 1990, l'ANC et les mouvements noirs sont légalisés. Nelson Mandela est aussi libéré cette même année après avoir passé vingt-sept ans en captivité. Le 30 juin 1991, l'apartheid sera enfin officiellement aboli.

> ***Mémento :***
> Nelson Mandela – 27 ans en captivité – fin de l'apartheid

La première phrase

Albert Camus, *L'Étranger*

« **Aujourd'hui, Maman est morte.** Ou peut-être hier, je ne sais pas. J'ai reçu un télégramme de l'asile : "Mère décédée. Enterrement demain. Sentiments distingués." Cela ne veut rien dire. C'était peut-être hier. »

Forêt domaniale

Une forêt domaniale est une forêt appartenant à l'État. Elle est alors gérée par l'ONF (Office national des forêts).

CRS

Les CRS sont un corps de la police. CRS signifie Compagnies républicaines de sécurité. Le corps a été créé par le général de Gaulle à la fin de l'année 1944. Il s'agissait de remplacer les Groupes mobiles de réserve (GMR). Ces unités paramilitaires, qui avaient pour fonction de maintenir l'ordre urbain, avaient été créées par le gouvernement de Vichy en juillet 1941. Il fallait donc les changer.

Mémento :
Compagnies républicaines de sécurité – 1944 – De Gaulle – en remplacement des Groupes mobiles de réserve (GMR) – Vichy 1941

Ne pas confondre :
Dromadaire | Chameau

Le moyen mnémotechnique pour savoir pour toujours lequel des deux a une bosse : dromadaire commence par la lettre d comme deux, donc il n'a qu'une seule bosse.

Mémento :
dromadaire – une bosse

Levi Strauss

Lors de la ruée vers l'or de 1849 à San Francisco, ceux qui ont bâti de grandes fortunes n'étaient pas toujours les chercheurs d'or mais ceux qui avaient eu l'idée de les équiper. Ainsi, en 1853, Levi Strauss a ouvert une mercerie à San Francisco qui portait le nom de « Levi Strauss & Co ». Il a compris que les chercheurs d'or ne trouvaient pas de pantalon suffisamment solide pour résister à leur éreintante activité. Avec Jacob Davis, un tailleur, ils créèrent le premier jean. Leur idée de génie a notamment consisté à placer des rivets métalliques aux points de tension du pantalon. En 1890, le premier lot portait le numéro « 501 »...

Mémento :
1849 – SF – pantalon solide – rivets

Ne pas confondre :
Copernic | Kepler

Qui a découvert quoi ? Nicolas Copernic a présenté l'idée que le Soleil se trouve au centre de l'Univers et que la Terre tourne autour du Soleil. Cette idée allait à l'encontre des croyances de l'époque. On pensait alors que la Terre était le centre de l'Univers et qu'elle était immobile. Johannes Kepler étudiera en profondeur cette hypothèse et découvrira que les planètes n'ont pas des trajectoires circulaires autour du Soleil mais elliptiques.

Mémento :
Copernic – Soleil centre de l'Univers – Kepler – trajectoires elliptiques

LEÇON 36

La première phrase

J.R.R. TOLKIEN, *Bilbo le Hobbit*

« **Dans un trou vivait un Hobbit.** Ce n'était pas un trou déplaisant, sale et humide, rempli de bouts de vers et d'une atmosphère suintante, non plus qu'un trou sec, sablonneux, sans rien pour s'asseoir ni sur quoi manger : c'était un trou de Hobbit, ce qui implique le confort. »

La date où tout a changé : le 15 août 1947

Le 15 août 1947, l'Inde obtint son indépendance. Le même jour, le Pakistan annonça sa séparation de l'Inde, provoquant par la suite un gigantesque mouvement de population, les Indiens musulmans rejoignant le Pakistan.

La racine grecque -hiéro- (Hiéroglyphe)

Hiéro- signifie « sacré ».
On retrouve cette racine dans les mots : hiérarchie, hiérarchiser...

10 capitales à connaître

Tachkent ➥ Ouzbékistan
Tallinn ➥ Estonie
Tbilissi ➥ Géorgie
Tirana ➥ Albanie
Vaduz ➥ Liechtenstein
La Valette ➥ Malte
Vilnius ➥ Lituanie
Wellington ➥ Nouvelle-Zélande
Yamoussoukro ➥ Côte d'Ivoire
Yaoundé ➥ Cameroun

Salope

À l'origine, salope n'était pas un terme réservé exclusivement aux femmes. Il s'agissait d'un terme populaire qui signifiait « qui est sale et malpropre ».

On disait : Un enfant salope. Cette personne est salope.

Zone économique exclusive

La zone économique exclusive (ZEE) s'étend depuis les côtes d'un État et jusqu'à 200 milles marins (370 km) plus loin. Dans cette zone, l'État a des droits d'exploration et d'exploitation. Il peut exploiter les ressources naturelles de la zone (pêche, production d'énergie...). Grâce à ses territoires partout sur la planète, la France possède la deuxième plus grande zone économique exclusive du monde.

Mémento :
ZEE – 200 milles – France possède la 2e plus grande ZEE

Hafiz

Un hafiz est une personne qui peut réciter le Coran par cœur (Coran signifie récitation en arabe).

Vasco de Gama

Vasco de Gama était un navigateur portugais. En 1498, il a été le premier à relier par voie maritime l'Europe aux Indes en passant par le cap de Bonne-Espérance (le Sud de l'Afrique).

Mémento :
1498 – rejoint les Indes en passant par le cap de Bonne-Espérance

Le tirant d'eau d'un bateau

Le tirant d'eau est la profondeur à laquelle un navire s'enfonce dans l'eau. S'il est équipé d'une quille, le tirant d'eau du bateau correspond à la distance qui sépare le dessous de la quille et la ligne de flottaison.

Mémento :
profondeur

9 personnalités enterrées au Père-Lachaise

- Alfred de Musset (1810-1857)
- Georges Eugène Haussmann (1809-1891)
- Félix Faure (1841-1899)
- Jim Morrison (1943-1971)
- Pierre Desproges (1939-1988)
- Alain Bashung (1947-2009)
- Pierre Augustin Caron de Beaumarchais (1732-1799)
- Honoré de Balzac (1799-1850)
- Guillaume Apollinaire (1880-1918)

LEÇON 37

Les 3 choses à savoir sur le Colisée

– Il a été construit entre 70 et 80 apr. J.-C.

– Le nom latin du Colisée était *amphitheatrum Flavium* (le nom « amphithéâtre Flavien » s'utilise en français).

– Il pouvait accueillir de 50 000 à 75 000 personnes.

Mémento :
70 apr. J.-C. – amphitheatrum Flavium – amphithéâtre Flavien – 50 000 à 75 000 personnes

Trek

Le mot trek est devenu célèbre grâce à un fait majeur de l'histoire de l'Afrique du Sud. Suite à l'installation des Britanniques en Afrique du Sud et à l'abolition de l'esclavage en 1833 dans les colonies britanniques, les Boers, descendants des colons néerlandais qui avaient immigré en Afrique du Sud aux XVIIe et XVIIIe siècles, ne voulaient pas se soumettre à l'autorité des Britanniques. Ces pionniers Boers néerlandais entreprirent alors entre 1835 et 1840 une migration de 2 000 km en direction du nord en chariots à bœufs. On appelle cette migration le Grand Trek. Sur leur chemin, les voortrekkers affronteront les Zoulous. Le 16 décembre 1838, ils remportèrent la bataille de Blood River. Le 16 décembre est la date de la fête nationale d'Afrique du Sud.

Mémento :
installation des Britanniques – abolition de l'esclavage 1833 – Boers – 1835 et 1840 – migration de 2 000 km vers le nord du pays.

Drapeau Alaska

La Grande Ourse est présente sur le drapeau de l'Alaska.

Un zeugme

Zeugme : Figure de style qui consiste à coordonner dans une même phrase des éléments syntaxiques ou sémantiques différents.

5 exemples de zeugmes :
Il sauta le petit déjeuner et la bonne.
Les Bleus gagnent avec Zidane et la manière.
Cette pauvre fille sentait la misère ainsi que des pieds.
Elle avait la vérole et un bureau de tabac.
Il posa son chapeau, puis la question.

Gentilé

Gentilé : Nom donné aux habitants d'une ville, d'un pays, d'une province, etc. (Les Parisiens, les Anglais, les Bretons...)

Exemple : Parisien est le gentilé de Paris.

Mémento :
gentilé – habitants

La poupe

Poupe : L'arrière d'un navire. On retrouve ce mot dans l'expression « avoir le vent en poupe » qui, littéralement, signifie avoir le vent dans le dos.

Mémento :
poupe – arrière d'un navire – avoir le vent en poupe

La racine grecque -holo- (Holocauste)

Holo- signifie « entier ».
On retrouve cette racine dans les mots : hologramme, holonymie...

Gouine

Le mot gouine n'a pas toujours désigné une lesbienne. Il y a un siècle, on l'utilisait pour parler d'« une femme de mauvaise vie, une coureuse ».

Goujat

Un goujat était un apprenti maçon, dont la fonction était de porter les matériaux, soit à pied d'œuvre, soit sur les échafaudages où les ouvriers pouvaient en avoir besoin. Par extension, le terme désigne aujourd'hui un homme sale et grossier.

Mémento :
apprenti maçon

LEÇON 38

Les principaux vers de la poésie française

L'alexandrin : 12 syllabes - le plus utilisé

Le décasyllabe : 10 syllabes – dominant jusqu'au milieu du XVIe siècle

L'octosyllabe : 8 syllabes

Ne pas confondre :
Hémistiche | Césure

Hémistiche : La moitié d'un vers alexandrin. On parle de premier hémistiche et de second hémistiche.

Césure : Dans la poésie française, repos marqué dans le vers de dix syllabes après la quatrième, quelquefois, mais rarement, après la cinquième, et dans l'alexandrin après la sixième syllabe. La césure sépare les hémistiches.

> ***Mémento :***
> hémistiche – moitié d'alexandrin – césure – sépare les hémistiches

La racine grecque -kiné- (Kinésithérapeute)

Kiné- signifie « bouger ».

On retrouve cette racine dans les mots : cinématographe, cinétique...

3 des insultes du capitaine Haddock

Bachi-bouzouk !

Bachi-bouzouks : Mercenaires de l'armée de l'Empire ottoman. Ces cavaliers avaient un armement non standardisé. Ils ne portaient notamment pas le même chapeau que les autres cavaliers. Sans réelle formation militaire, ils étaient assez peu disciplinés.

Mille millions de mille sabords !

Sabords : Terme de marine. Ouverture quadrangulaire qui est faite dans la muraille d'un vaisseau pour laisser un passage à la volée d'un canon.

Zouave interplanétaire !

Zouave : Soldat d'un corps africain au service de la France.

Mémento :
bachi-bouzouks : mercenaires de l'armée de l'Empire ottoman – sabords pour les canons – zouave – soldat d'un corps africain

Les 4 choses à savoir sur la géographie de la Russie

– La Russie s'étend sur près de 9 000 km.

– Le pays est parcouru par 11 fuseaux horaires différents.

– La Russie a 143 millions d'habitants.

– Avec 17 millions de kilomètres carrés, la Russie est le plus grand pays du monde.

Mémento :
9 000 km – 11 fuseaux horaires – 143 millions d'habitants – plus grand pays du monde

7 nouveaux sigles multimédia

USB ➞ Universal Serial Bus

MPEG ➞ Moving Picture Experts Group

PIXEL ➞ picture element

WIFI ➥ Wireless Fidelity (par analogie à HI-FI)

JPEG ➥ Joint Photographic Experts Group

AVI ➥ Audio Video Interleave (*interleave* : imbrication)

GIF ➥ Graphics Interchange Format

Oui, je parle latin : *Minimum*

En latin : « la plus petite partie ».

IDH

Le PIB par habitant est souvent critiqué car il peut être peu représentatif du niveau de vie réel d'un pays. Le PNUD (Programme des Nations unies pour le développement) a donc élaboré en 1990 un indice de développement humain (IDH). Cet indice statistique mélange trois critères très significatifs : l'espérance de vie à la naissance, le niveau d'éducation, et le niveau de vie. En 2012, Norvège, Australie et États-Unis occupaient les trois places du podium. Les dix dernières places du classement étaient occupées par des pays africains.

Mémento :
espérance de vie à la naissance, niveau d'éducation, et niveau de vie – indice de développement humain

Antanaclase

Antanaclase : Figure de style qui consiste en une répétition d'un même mot avec un sens différent.

Dans cet extrait des *Pensées* de Blaise Pascal, la phrase en gras est une antanaclase.

« **Le cœur a ses raisons, que la raison ne connaît point** ; on le sait en mille choses. Je dis que le cœur aime l'être universel naturellement, et soi-même naturellement selon qu'il s'y adonne ; et il se durcit contre l'un ou l'autre à son choix. »

La racine grecque -leuc- (Leucémie)

Leuc- signifie « blanc ».
On retrouve cette racine dans les mots : leucoderme, leucocyte...

La date où tout a changé : le 17 janvier 1975

La loi Veil du 17 janvier 1975 dépénalise l'avortement en France.

Les 5 plus grandes villes d'Allemagne

1. Berlin	3,5 millions d'habitants
2. Hambourg	1,8 million d'habitants
3. Munich	1,3 million d'habitants
4. Cologne	1 million d'habitants
5. Francfort-sur-le-Main	700 000 habitants

Septante, octante, nonante

Nos voisins francophones utilisent ces mots à la place de nos soixante-dix, quatre-vingts et quatre-vingt-dix. Ils semblent bien plus logiques. Cette étonnante façon française de compter vient du Moyen Âge. La coutume était de compter de vingt en vingt. Ainsi, trente se disait vint et dis, quarante, deux vins, soixante se disait trois vins. À la fin du Moyen Âge, les formes actuelles (quarante, cinquante, soixante) sont devenues courantes, mais nos ancêtres ont aussi continué à utiliser soixante-dix, quatre-vingts et quatre-vingt-dix pour les grandes quantités sans que l'on sache expliquer avec précision pourquoi.

Mémento :
compter de vingt en vingt au Moyen Âge

Ne pas confondre :
Sigle | Acronyme

Les acronymes sont des abréviations qui se prononcent comme n'importe quel autre mot (UNESCO, ONU...) alors que pour un sigle, on épelle chaque lettre (S.A.R.L., P.-D.G., O.G.M., etc.).

Mémento :
sigle = comme un mot – acronyme = épelle les lettres

Un calligramme

Un calligramme est un poème dont les mots représentent un dessin, le plus souvent en rapport avec le sujet du poème. Le mot a été inventé par le poète Guillaume Apollinaire. Le mot calligramme est un néologisme qui fusionne les mots calligraphie et idéogramme.

Les symboles des principales monnaies

Le Forex est le marché des changes sur lequel les devises sont échangées au cours du jour. Une norme internationale fixe des codes de trois lettres pour chaque devise, des abréviations que l'on retrouve ensuite un peu partout.

EUR : euro – €
USD : dollar americain – $
CHF : franc suisse – CHF
GBP : livre sterling – £
JPY : yen japonais – ¥

LEÇON 40

Le point abréviatif

Le point abréviatif est le point placé à la fin des mots abrégés, comme dans :

éd.

vol.

etc.

adr.

Des abréviations qui correspondent respectivement aux mots édition, volume, et cetera, adresse.

Un autre exemple avec le point abréviatif : J.-C. est l'abréviation de Jésus-Christ (pas J-C).

Roland Garros

En 1913, Roland Garros s'envole de Fréjus au petit matin, longe la Corse, passe au-dessus de la Sardaigne et atterrit à Bizerte. Il sera le premier à traverser la Méditerranée. Il effectuera le trajet en un peu moins de huit heures. Engagé dans l'aviation pendant la Première Guerre mondiale, son avion sera abattu par les Allemands en 1918, un mois avant la fin de la guerre.

Mémento :
1913 – Fréjus – Bizerte – abattu en 1918

Les capitales des pays issus de l'ex-Yougoslavie

Slovénie	➥ **Ljubljana**
Croatie	➥ **Zagreb**
Serbie	➥ **Belgrade**
Macédoine	➥ **Skopje**
Monténégro	➥ **Podgorica**
Kosovo	➥ **Pristina**

La racine grecque -log- (Dialogue)

Log- signifie « étude », « discours ».
On retrouve cette racine dans les mots : zoologie, logique, logorrhée...

Un épistolier

Épistolier : Quelqu'un qui écrit beaucoup de lettres et qui aime ça ou un écrivain qui excelle dans l'art de les écrire.

Ne pas confondre :
Côté cour | Côté jardin

Ces deux termes sont utilisés dans les théâtres pour faciliter les communications entre les acteurs, le metteur en scène et les machinistes.

Vu de la salle :

Côté cour : côté droit de la scène

Côté jardin : côté gauche de la scène

> ***Mémento :***
> moyen mnémotechnique : Jacques Chirac (jardin à gauche, cour à droite)

Ne pas confondre :
L'incipit | L'explicit

L'incipit désigne les premiers mots ou les premières phrases par lesquels commence un livre.

L'explicit désigne les dernières lignes d'un livre.

Oui, je parle latin : *Mémento*

En latin : « Souviens-toi » !

LEÇON 41

Écocide

Écocide : Si un génocide désigne l'extermination d'une nation ou d'un peuple, le néologisme écocide désigne, lui, la destruction d'un écosystème.

Les pays où l'on conduit à gauche

Les Anglais, les Australiens et les Japonais sont loin d'être les seuls à conduire à gauche. Pour connaître presque tous les pays qui conduisent à gauche, il faut procéder par zones géographiques.

- Les pays qui conduisent à gauche sont :
- Tous les pays situés dans la partie sud-est de l'Afrique
- L'Inde et tous les pays qui l'entourent
- Le Japon
- L'Australie et tous les pays situés à proximité au nord-ouest
- Toutes les îles des Caraïbes situées à proximité de la Guadeloupe et de la Martinique

Les 5 noms de famille les plus portés en france

1. Martin
2. Bernard
3. Dubois
4. Thomas
5. Robert

La racine grecque -mélo- (Mélodie)

Mélo- signifie « chant ».
On retrouve cette racine dans les mots : mélodrame, mélomane…

Ne pas confondre :
Décade | Décennie

Décade : période de dix jours

Décennie : période de dix ans

On utilise parfois le mot décade à la place de décennie.

Mémento :
décade = dix jours

Calendrier républicain

Le calendrier républicain a été créé lors de la **Révolution française.** Il sera utilisé entre **1792 et 1806.** Ce calendrier se composait de **12 mois de 30 jours.** Chaque mois se divisait en trois décades de 10 jours. Pour que l'année soit complète, on ajoutait **5 à 6 jours en fin d'année.** On appelait ces jours **les sans-culottides.**

Mémento :
utilisé de 1792 à 1806 – 12 mois de 30 jours –
un mois = 3 décades – les sans-culottides

La première phrase

Gustave Flaubert, *Madame Bovary*

« **Nous étions à l'Étude, quand le Proviseur entra suivi d'un nouveau habillé en bourgeois et d'un garçon de classe qui portait un grand pupitre.** Ceux qui dormaient se réveillèrent, et chacun se leva comme surpris dans son travail. »

Oui, je parle latin : *Mordicus*

En latin : « en mordant ».

LEÇON 42

Les pays d'Amérique centrale

Pour savoir quels sont les pays d'Amérique centrale, il faut retenir la phrase qui suivante : « Beau Garçon Habitant Salvador Nettoie et Cire les Planchers ».

Du nord au sud : Belize, Guatemala, Honduras, Salvador, Nicaragua, Costa Rica, Panamá.

Mémento :
Beau Garçon Habitant Salvador Nettoie et Cire les Planchers

Le jour où tout a changé : le 6 août 1945

Dans la nuit du 6 août 1945, un bombardier américain B-29, *Enola Gay*, décolle de l'île de Tinian située à environ 2 500 km au sud du Japon. Il emporte à son bord une bombe atomique surnommée *Little Boy*. Elle sera lâchée sur la ville d'Hiroshima, tuera sur le coup 75 000 personnes et encore plus par la suite. Trois jours plus tard, le 9 août 1945, un nouveau bombardier B-29 part au petit matin de la même île de Tinian et lâche une seconde bombe atomique sur Nagasaki, une ville située au sud du Japon. Elle tuera elle aussi 75 000 personnes sur le coup. Le 14 août 1945, le Japon acceptera la capitulation sans conditions.

Mémento :
6 août 1945 – Hiroshima – Enola Gay – île de Tinian – 75 000 morts – 9 août 1945 – Nagasaki – 14 août 1945 – capitulation sans conditions du Japon

La racine grecque -myo- (Myopathe)

Myo- signifie « muscle ».
On retrouve cette racine dans les mots : myocarde, myologie...

Égrillard

Égrillard : Adjectif qui qualifie une personne qui se complaît dans des propos grivois ou licencieux. On utilise cet adjectif dans les expressions suivantes : un air égrillard, un sourire égrillard, une histoire égrillarde, un sous-entendu égrillard, des propos égrillards...

Mémento :
propos grivois

Gentrification

La gentrification désigne l'arrivée d'habitants aisés ou de nouvelles entreprises dans un quartier populaire ou défavorisé. Cette évolution fait progressivement augmenter la valeur des propriétés et des loyers. Progressivement aussi, cette migration fait disparaître les habitants les plus pauvres qui ne peuvent plus se permettre de s'installer dans le quartier.

Le phénomène ne touche pas uniquement l'immobilier puisque l'arrivée d'habitants plus aisés amène aussi de nouveaux commerces plus huppés et fait grimper les prix dans les cafés. Bref, petit à petit, les nouveaux habitants aisés délogent de l'espace urbain ceux qui vivaient ici mais ont moins de moyens qu'eux. On a observé ce phénomène dans de nombreux arrondissements de Paris au cours des dernières décennies et aussi dans les autres grandes métropoles françaises.

Gentrification est un mot anglais. Il vient de *gentry*, un terme qui désigne les aristocrates anglais qui ont des positions élevées grâce à leurs biens immobiliers.

Mémento :
habitants aisés qui arrivent dans un nouveau quartier – gentry – aristocrates anglais

Bolduc

Bolduc : Ruban, souvent de couleur vive, utilisé pour ficeler les paquets-cadeaux. Ce mot est une contraction de Bois-le-Duc, ville où ce type de ruban fut fabriqué.

Mémento :
ruban cadeau – Bois-le-Duc

Dom Pérignon

Pierre Pérignon (Dom Pérignon) est un moine bénédictin. En 1668, il prend ses fonctions de cellérier (économe) et de procureur à l'abbaye bénédictine d'Hautvillers dans la Marne. L'abbaye ne jouit alors d'aucune réputation particulière. Il se passionne pour l'élaboration des vins et commence à assortir différents cépages de raisins avant de les presser. Il fait aussi mousser le vin de champagne. Ses recherches et le soin qu'il apporta à la conception de ses cuvées ont été un pas décisif dans l'élaboration du champagne et dans sa diffusion.

Mémento :
moine bénédictin – 1668 – l'abbaye bénédictine d'Hautvillers

Oui, je parle latin : *Prorata*

En latin : *pro rata* : la partie fixée.

En français : « suivant la part déterminée ». Recevoir au prorata de sa mise de fonds.

LEÇON 43

Hidalgo

Anne Hidalgo, Michel Hidalgo... Hidalgo désignait un membre de la petite noblesse espagnole, ou castillane (aussi dans l'Amérique hispanique).

Mémento :
noble espagnol

La date où tout a changé :
le 28 août 1963

« I have a dream. » Le pasteur Martin Luther King prononce son discours emblématique le 28 août 1963 à Washington D.C. devant le Lincoln Memorial.

Mémento :
28 août 1963 – Washington D.C. – Lincoln Memorial

Washington – Washington D.C.

La capitale des États-Unis d'Amérique porte le même nom qu'un des 50 États. Il a fallu trouver un moyen simple de les différencier.

WASHINGTON D.C. désigne la capitale des États-Unis. D.C. signifie « District of Columbia ».

WASHINGTON désigne l'État situé à l'extrême nord-ouest du pays.

> ***Mémento :***
> Washington District of Columbia

La racine grecque -naute- (Argonaute)

Naute- signifie « navigateur ».
On retrouve cette racine dans les mots : astronaute, cosmonaute...

Un tropisme

Tropisme : Force irrésistible et inconsciente qui pousse quelqu'un ou un groupe à agir d'une façon déterminée.

Le déroulement du Watergate

Juin 1972

Des « cambrioleurs » sont arrêtés en train de visiter l'immeuble Watergate, le quartier général du parti démocrate.

Deux jeunes journalistes du *Washington Post*, **Bob Woodward** et **Carl Bernstein** débutent leur enquête sur cet étrange cambriolage. De nombreuses pistes, non exploitées par le FBI, les mènent à chaque fois vers la Maison-Blanche. Ils sont aidés par un interlocuteur inconnu surnommé « Gorge profonde (*Deep Throat*) ».

Novembre 1972

Nixon est réélu.

Février 1973

Une commission d'enquête sénatoriale est créée.

Août 1974

Richard Nixon est contraint de démissionner.

Mémento :

1972 – Watergate – quartier général du parti démocrate – Bob Woodward – Carl Bernstein – 1972 – réélection de Nixon - 1974 - démission

Les soldats japonais

À la fin de la Seconde Guerre mondiale, de nombreux soldats japonais, isolés sur des îles du Pacifique, ont refusé de croire à la reddition du Japon et ont continué à se battre. Cette reddition leur semblait inconcevable. Ils se cachaient dans la jungle et même si des tracts étaient dispersés sur les îles où ils se trouvaient afin de les informer de la fin de la guerre, ils doutaient de la véracité de ces informations. Ils les prenaient pour une ruse de l'ennemi. Le plus célèbre de ces soldats est l'officier Hiro Onoda. Débarqué en 1944 sur l'île de Lubang aux Philippines, il n'a accepté de se rendre qu'en mars 1974. Pendant trente ans, il s'est caché dans la forêt.

Mémento :
Hiro Onoda – Lubang – mars 1974

Avoir des yeux de lynx

Cette expression ne fait pas directement référence aux yeux d'un lynx mais à Lyncée, un héros de la mythologie grecque. Il était le pilote de l'*Argo*, le navire de Jason et les Argonautes dans leur quête de la Toison d'or. Il pouvait voir à travers les murs et les nuages.

Mémento :
Lyncée – pilote de l'*Argo* – navire de Jason et les Argonautes – toison d'or – voir à travers

LEÇON 44

Les 3 chiffres de Total en 2012

Total emploie 92 000 personnes

Total a réalisé 12 milliards d'euros de bénéfices

Total est présent dans 130 pays dans le monde

Les autoroutes allemandes illimitées

Contrairement à ce que beaucoup de Français imaginent, toutes les autoroutes allemandes ne sont pas à vitesse illimitée. De nombreuses portions sont limitées à 100, 120 ou 130 en raison de l'état de la route et/ou de la présence de sorties. Sur d'autres portions, des panneaux lumineux affichent des limitations qui évoluent en fonction du trafic. Les autoroutes à vitesse illimitée comportent souvent des tronçons limités pour permettre notamment aux camions de doubler sans être un danger pour les autres automobilistes.

La racine grecque -nome- (Économe)

Nome- signifie « loi ».

On retrouve cette racine dans les mots : astronomie, gastronomie, métronome...

Robin Hood

Robin Hood est le nom anglais de Robin des bois. Robin Hood signifie « Robin la capuche ». C'est la proximité entre les deux mots anglais *wood* (bois) et *hood* (capuche) qui a créé cette erreur de traduction.

Mémento :
Robin la capuche

Fumer comme un pompier

L'expression « fumer comme un pompier » signifie fumer excessivement. Cette expression nous vient de l'époque où les habits des pompiers n'étaient pas ignifugés. Ils étaient en laine ou en coton. Afin qu'ils ne s'enflamment pas, ils devaient être arrosés. Aussi, à leur sortie, la vapeur d'eau créait autour des pompiers un énorme nuage de fumée, d'où l'expression fumer comme un pompier.

Mémento :
arrosage des pompiers

Les 4 choses à savoir sur le YARD

– Cette unité de mesure est utilisée au Canada, aux États-Unis et au Royaume-Uni.

– La forme abrégée de yard est yd

1 yard = 0,9144 mètre

– Yard signifiait baguette en vieil anglais.

– Les Canadiens utilisent aussi le mot verge (vg).

Mémento :
Canada, États-Unis et Royaume-Uni – yd – 0,9144 mètre – baguette – verge

Dation en paiement

La dation en paiement a été instituée par la loi du 31 décembre 1968. La dation est un mode de paiement exceptionnel qui permet de s'acquitter d'une dette fiscale par la remise d'œuvres d'art, de livres, d'objets de collection, de documents, de haute valeur artistique ou historique. La dation en paiement est un système qui permet au contribuable de régler ses impôts et à l'État d'enrichir les collections publiques. La dation en paiement a été utilisée lors des successions d'Henri Matisse et de Pablo Picasso.

Mémento :
loi 31 décembre 1968 – régler un héritage avec des œuvres d'art – Matisse – Picasso

LEÇON 45

Taillable et corvéable à merci

La **taille** était un impôt direct de l'Ancien Régime dû par un paysan à son seigneur.

La **corvée** correspondait à des journées de travail gratuites pour le seigneur ou le roi. Il fallait moissonner, labourer, vendanger...

Mémento :
taille – impôt – corvée – journées de travail

Ancien Régime

L'Ancien Régime désigne la période allant de la Renaissance (XVIe) à la Révolution française (1789).

La date où tout a changé :
le 13 août 1961

Le mur de Berlin a été érigé dans la nuit du 12 au 13 août 1961. Il a été détruit à partir du 9 novembre 1989.

Mémento :
1961 – 1989

La racine grecque -pan- (Panacée)

Pan- signifie « tout ».

On retrouve cette racine dans les mots : panorama, pancréas, pangée...

Amerigo Vespucci

Amerigo Vespucci était un navigateur. Il fut le premier à comprendre que Christophe Colomb n'avait pas rejoint les Indes mais un nouveau continent. En 1507, le cartographe Martin Waldseemüller nommera ce continent Amérique en son honneur.

Mémento :
1507 – cartographe Martin Waldseemüller – Amérique

Les 6 choses à savoir sur l'ASEAN

- L'ASEAN est une organisation économique et politique d'Asie du Sud-Est.
- ASEAN est l'acronyme de Association of Southeast Asian Nations.

- Créée en 1967 par cinq pays : Philippines, Indonésie, Malaisie, Singapour et Thaïlande.
- 1984 : Le Brunei rejoint l'organisation juste après avoir proclamé son indépendance du Royaume-Uni.
- De 1995 à 1999, quatre nouveaux pays rejoignent l'organisation : Viêt Nam, Laos, Birmanie, Cambodge.
- L'ASEAN regroupe 10 % de la population mondiale.

Mémento :
Association of Southeast Asian Nations – 1967 – Philippines, Indonésie, Malaisie, Singapour, Thaïlande – Brunei – Viêt Nam, Laos, Birmanie, Cambodge – 10 % pop. mondiale

La devise du Québec

« Je me souviens » est la devise du Québec.

Oui, je parle latin : *Ultimatum*

En latin : « toucher à la fin » (de *ultimus* : ultime).

LEÇON 46

L'anaphore

Anaphore : Figure de style consistant à répéter un même mot ou une même expression au début de vers ou de phrases.

Exemples :
« Moi, Président de la République, je... » – François Hollande lors du débat présidentiel de 2012.
« I Have a dream » – Martin Luther King, 1963.

Mémento :
répétition d'un mot ou d'une expression en début de phrase

La lettre ù de votre clavier

Où est le seul mot de la langue française comportant un accent grave. Ce mot a une touche sur le clavier azerty français uniquement pour lui.

Koh Lanta

Koh Lanta est une émission de télé mais surtout une île thaïlandaise. En thaïlandais, Koh signifie île. Ainsi, les vacanciers qui partent en Thaïlande se prélassent sur les plages de Koh Rog, Koh Samui, Koh Phi Phi...

Mémento :
koh = île

La racine grecque -pédie- (Wikipédia)

Pédie- signifie « éducation ».
On retrouve cette racine dans les mots : encyclopédie, orthopédie...

Furie

Les Furies étaient des divinités romaines infernales chargées d'exécuter la vengeance divine.

La monnaie de carte

Au XVIIe siècle, la Nouvelle-France était une colonie française dont la capitale était Québec. Afin de rémunérer les fonctionnaires et de régler les dépenses, les administrateurs de la Nouvelle-France attendaient avec une grande impatience le navire du roi qui apportait l'argent. Cependant, le bateau n'arrivait parfois que tard dans la saison, voire trop tard et ne pouvait plus emprunter le fleuve Saint-Laurent gelé. L'impossibilité de payer causait alors de nombreux problèmes et beaucoup de désordre. En 1685, un intendant eut l'idée de créer une nouvelle sorte de monnaie de papier pour régler les notes en utilisant des cartes à jouer. Il y inscrivait des montants et les signait. Les cartes s'utilisaient ensuite aussi dans la colonie pour des échanges. Quand l'argent arrivait enfin par bateau de France, ceux qui avaient des cartes venaient récupérer leur argent. Cette monnaie très populaire sera utilisée par intermittence jusqu'en 1719.

Mémento :
XVIIe – Nouvelle-France – bateau – cartes à jouer

La TVA

La taxe sur la valeur ajoutée a été mise en place en France par la loi du 10 avril 1954. Cet impôt a été créé par le Français Maurice Lauré, un haut fonctionnaire. De par sa simplicité et son équité, la TVA va très vite être adoptée par de nombreux autres pays en Europe et dans le monde.

Mémento :
1954 – Maurice Lauré

LEÇON 47

Fier comme Artaban

Artaban est un des personnages de *Cléopâtre*, un roman-fleuve à succès écrit par Gautier de La Calprenède et publié au milieu du XVIIe siècle. Artaban était un personnage au caractère fier et arrogant.

Mémento :
personnage du roman *Cléopâtre* – XVIIe – Gautier de La Calprenède

Les 3 choses à savoir sur le Super Bowl

– Le Super Bowl est la finale du championnat de football américain (NFL)

– NFL signifie National Football League.

– Le Super Bowl est l'événement sportif le plus regardé aux États-Unis.

Mémento :
NFL – National Football League – finale

La racine grecque -phil- (Philanthrope)

Phil- signifie « aimer ».

On retrouve cette racine dans les mots : philosophie, philanthropie, philharmonie...

Les moutons de Panurge

Panurge est un des personnages du premier livre de François Rabelais, *Pantagruel*. Ce livre a été publié en 1532. En mer, Panurge se querella avec un marchand, Dindenault. Il lui acheta au prix fort un de ses moutons et le précipita dans la mer. Les autres moutons suivirent. Dindenault s'accrocha au dernier mouton et se noya.

Mémento :
Pantagruel – Rabelais – le marchand Dindenault

Badminton – Rugby – Telemark

Les trois sports qui suivent viennent des lieux géographiques où ils sont apparus.

Badminton House est le nom de la propriété du duc de Beaufort, dans le Gloucestershire. On y aurait pratiqué en 1873 un sport très semblable au badminton actuel.

Rugby est le nom de l'école où l'on a codifié ce sport : le collège de Rugby.

Le comté de **Telemark** est un comté situé au sud de la Norvège.

Mémento :
Badminton House – 1873 – collège de Rugby – Telemark

Baïonnette

La baïonnette vient de Bayonne, la ville où cette arme fut fabriquée. Elle est aujourd'hui encore présente sur les fusils d'assaut.

Mémento :
Baïonnette – Bayonne

Ne pas confondre :
Nymphes | Naïades | Néréides

Dans la mythologie, les nymphes étaient des divinités féminines mineures. On les distinguait selon l'endroit où on les trouvait. Ainsi, les **naïades** vivaient dans les rivières, les sources, les fontaines... Les **néréides** étaient des nymphes marines, les **dryades** des nymphes des bois...

Mémento :
divinités féminines – naïades dans les rivières, les sources, les fontaines – néréides : nymphes marines – dryades : nymphes des bois...

La statue de la Liberté à Paris

Avant d'être offerte aux Américains, la statue de la Liberté était fabriquée en plein centre de Paris par l'architecte Auguste Bartholdi. En 1883, on pouvait la voir dépasser des ateliers Gaget-Gauthier, rue de Chazelles à Paris, dans 17e arrondissement et dès 1878, les Parisiens avaient pu admirer la tête de la statue de la Liberté. En effet, à l'occasion de l'Exposition universelle de 1878, la tête de la statue de la Liberté fut exposée dans le parc du Champ-de-Mars à Paris.

Mémento :
Auguste Bartholdi – 1883 – 17e

LEÇON 48

Crésus et le Pactole

Crésus était un roi de Lydie et a régné d'environ 561 à environ 547 av. J.-C. La Lydie est un ancien pays d'Asie Mineure, situé à proximité de la mer Égée. Le pays était très riche. Il était placé sur de nombreuses routes commerciales. Sa richesse venait aussi des sables aurifères de la rivière Pactole, ce qui a donné naissance aux expressions « riche comme Crésus » et « toucher le pactole ».

Mémento :
roi de Lydie – 561 av. J.-C. – mer Égée – sables aurifères rivière Pactole

La racine grecque -phore- (Anaphore)

Phore- signifie « porter ».
On retrouve cette racine dans les mots : métaphore, photophore, phosphore...

Dinde

Dinde est la forme abrégée de poule d'Inde. L'Inde dont on parle ici est l'Inde occidentale, le nom que l'on donnait alors au continent américain en raison de la confusion avec l'Inde faite par Christophe Colomb.

Mémento :
poule d'Inde

Les 4 mots pour décrire la façade d'un immeuble ancien

Pilastre : Une « fausse colonne ». Elle a les mêmes proportions et les mêmes ornements que les colonnes d'architecture mais est placée dans un mur.

Atlante : Sculpture humaine d'homme supportant une corniche sur son dos.

Cariatide : Sculpture de femme qui supporte une corniche. La version féminine de l'atlante.

Encorbellement : Construction en porte-à-faux sous un balcon ou un étage plus large que le précédent.

Gitan

Le mot gitan vient de l'espagnol *gitano*. Il signifiait Égyptien. Les Espagnols pensaient à l'époque que les gitans venaient d'Égypte. Le mot gitan désigne aujourd'hui les tsiganes vivant en Espagne et dans le Sud de la France.

Mémento :
en Espagne – gitano – Égyptien

10 capitales à connaître

Koweït	➥ Koweït
Libreville	➥ Gabon
Lima	➥ Pérou
Malé	➥ Maldives
Minsk	➥ Biélorussie
Montevideo	➥ Uruguay
Nairobi	➥ Kenya
New Delhi	➥ Inde
Niamey	➥ Niger
Nicosie	➥ Chypre

En italique

L'italique a été inventé en 1499 pour répondre au souhait d'un imprimeur de Venise de réduire la taille de ses livres, afin de faire baisser leur prix pour les étudiants. Ces caractères penchés furent d'abord appelés « lettres vénitiennes » avant d'être nommés italiques, tout simplement car ils venaient d'Italie.

Mémento :
1499 – Venise – réduire la taille des livres – lettres vénitiennes – vient d'Italie

Méandre

Méandre est l'ancien nom du Büyük Menderes, un fleuve de Turquie dont le cours est très sinueux.

Vous avez vraiment l'esprit mal placé !

Branler
Mouvoir d'avant en arrière.
« Cette tête que je branle n'est point assoupie. »

Branlette
Terme de pêche. La seconde des trois pièces d'une ligne.

Gaule
Terme de pêche. Manche de la ligne.

LEÇON 49

De bon augure

Chez les Romains, les augures étaient chargés de l'interprétation des signes envoyés par Jupiter, le maître des dieux, de la terre et du ciel. Ils interprétaient le vol et le chant des oiseaux. Futures nominations, emplacement des temples, guerres... aucune décision ne se prenait sans les consulter préalablement.

Mémento :
augure – interprétation des signes – nominations, guerres...

Dexter

Dexter signifie « qui est à droite » en latin. *Sinister* signifie « qui est à gauche ». Il devient alors facile de faire le lien entre sinister et l'étymologie du mot sinistre. Les augures interprétaient les signes qui venaient de la gauche comme des mauvais présages et ceux qui venaient de droite comme des bons présages.

Mémento :
dexter – qui est à droite – sinister – qui est à gauche

La racine grecque -sophi- (Philosophie)

Sophi- signifie « sagesse ».
On retrouve cette racine dans les mots : sophisme, Sophie...

Javel

L'eau de Javel tire son nom du village de Javel. Il se situait dans ce qui est aujourd'hui le 15e arrondissement de Paris. Une station de métro sur la ligne 10 et du RER C porte aujourd'hui encore le nom de Javel. L'usine de production de l'eau de Javel était située dans ce village.

> ***Mémento :***
> village – 15e – usine

Complexe d'Œdipe

Avant sa naissance, Laïos et Jocaste, les parents d'Œdipe consultent l'oracle de Delphes. Il leur prédit que s'ils ont un fils, il tuera son père et épousera sa mère. À sa naissance, de peur que ces prédictions ne se réalisent, les parents abandonnent Œdipe. Le roi et la reine de Corinthe l'adoptent et l'élèvent comme leur fils.

Une fois adulte, à la suite d'une querelle à un carrefour où il se dispute avec un conducteur de char, il en vient aux mains et finit par tuer cet homme sans savoir qu'il vient de tuer son père. La première partie de la prédiction de l'oracle vient de se réaliser. Plus tard, il se mariera avec la veuve de cet homme, qui est sa mère. Après recherches, il découvrira qu'il a épousé sa mère et tué son père. Pour ne plus voir les crimes qu'il a commis, il se crèvera lui-même les yeux.

Mémento :
parents Laïos et Jocaste – oracle de Delphes – abandonné – roi et la reine de Corinthe – tue son père à un carrefour – épouse sa veuve, sa mère – se crève les yeux

Scotch, Whisky, Bourbon...

Whisky est le terme générique.

Scotch est l'abréviation de scotch whisky et désigne le whisky écossais.

Whiskey est le nom donné au whisky en Irlande et en Amérique du Nord.

Bourbon est un whiskey américain.

Mémento :
scotch = Irlande – Whiskey = Irlande et E.U. – Bourbon = américain

Calculer des intérêts

Calculer des intérêts est très simple. Voici la formule présentée dans un exemple.

Si l'on place 100 € pendant un an à **3** % :
100 € x 1,0**3** = 103 €

Si l'on place cette même somme sur deux ans toujours à 3 % :
100 € x 1,0**3** x 1,0**3** = 106,09 €*

Si l'on place maintenant cette même somme sur trois ans, toujours à 3 % :
100 € x 1,0**3** x 1,0**3** x 1,0**3** = 109,27 €

Et ainsi de suite.

(* À noter : sur deux ans, les intérêts gagnés sont de 6,09 € et non de 6 € car les intérêts gagnés la première année ont généré des intérêts dès l'année suivante.)

LEÇON 50

Une phrase sur vos chèques

Dans votre chéquier, en observant à la loupe les lignes sur lesquelles on inscrit le montant et l'ordre, vous constaterez qu'elles sont en réalité composées d'une phrase écrite en tout petits caractères. La voici : « L'Europe ne se fera pas d'un coup, ni dans une construction d'ensemble : elle se fera par des réalisations concrètes créant d'abord une solidarité de fait. »

Cette phrase a été prononcée le 9 mai 1950 par le ministre des Affaires étrangères français, Robert Schuman. Il propose alors la création de la Communauté européenne du charbon et de l'acier (CECA). Les pays membres doivent mettre en commun leur production de charbon et d'acier. Mettre ces productions en commun est un pari pour, selon Robert Schuman, rendre un nouveau conflit entre la France et l'Allemagne « non seulement impensable, mais matériellement impossible ».

Les six membres fondateurs de la CECA sont : la France, l'Allemagne de l'Ouest, l'Italie, les Pays-Bas, la Belgique et le Luxembourg. La CECA fut une pierre essentielle dans la construction de l'Union européenne.

Mémento :
CECA – Robert Schuman – mai 1950

La racine grecque -ptèr- (Coléoptère)

Ptèr- signifie « aile ».

On retrouve cette racine dans les mots : ptérodactyle, lépidoptère, diptère…

Le test du crayon

En Afrique du Sud, pendant l'apartheid, l'administration utilisait le « test du crayon » afin de décider si les métis étaient officiellement blancs ou noirs. Un crayon était placé dans leur chevelure, s'il tombait au sol, alors ils étaient blancs, si le crayon restait bloqué, alors, ils étaient noirs. Le test était à l'origine de drames familiaux puisque des membres d'une même famille pouvaient être considérés comme blancs et d'autres comme noirs.

Mémento :
apartheid – crayon – cheveux – noir ou blanc

13 pays dont la population est un chiffre rond

Voici des pays dont la population est facile à retenir car très proche ou égale à un chiffre rond.

Union européenne	➞ 500 millions
Brésil	➞ 200 millions
Bangladesh	➞ 150 millions
Philippines	➞ 100 millions
Allemagne	➞ 80 millions
Italie	➞ 60 millions
Corée du Sud	➞ 50 millions
Argentine	➞ 40 millions
Afghanistan	➞ 30 millions
Madagascar	➞ 20 millions
Portugal	➞ 10 millions
Norvège	➞ 5 millions
Luxembourg	➞ 500 000

4 sigles américains

CIA ➞ Central Intelligence Agency

FBI ➞ CFederal Bureau of Investigation

NYPD ➞ CNew York City Police Department

LAPD ➞ CLos Angeles Police Department

LEÇON 51

Apartheid

Le mot afrikaans *apartheid* signifie « séparation ».

5 sigles

AC/DC ➥ alternating current/direct current (courant alternatif/courant continu)

E.T. ➥ Extra-Terrestrial (extra-terrestre)

UPS ➥ United Parcel Service

CNN ➥ Cable News Network

CBS ➥ Columbia Broadcasting System

La racine grecque -syn- (Synthèse)

Syn- signifie « avec ».
On retrouve cette racine dans les mots : syncrétisme, symbiose, synchrotron...

Adidas

Les frères Dassler commencèrent par créer la Gebrüder Dassler Schuhfabrik (la compagnie de chaussures des frères Dassler). Après la Seconde Guerre mondiale, ils se brouilleront. Chacun d'eux ira de son côté. Adolf Dassler, dit Adi Dassler créera la marque Adidas et son frère Rudolf Dassler fondera la marque PUMA.

Plus tard, les ventes d'Adidas exploseront grâce au hip-hop et notamment grâce au groupe de rap américain RUN-DMC qui créera et chantera le tube « *My Adidas* ». Les dirigeants d'Adidas se concentraient à l'époque sur le sport et n'avaient pas envisagé ce nouveau marché urbain. Ils ont été très surpris et même époustouflés par le potentiel de vente qu'il recelait.

Mémento :
Adolf Dassler – Adi Dassler – RUN-DMC – *My Adidas*

Tweed

Le tweed est une étoffe mais aussi le cours d'eau de 156 km qui sépare l'Angleterre et l'Écosse.

Ne pas confondre :
L'estran | Le marnage

L'estran correspond aux rochers et/ou au sable découverts entre la marée haute et la marée basse.

Le marnage est la différence de hauteur d'eau entre une pleine mer et une basse mer qui se suivent.

Mémento :
estran – sable et rochers découverts – marnage – hauteur d'eau entre PM et BM

Les 5 choses à savoir sur les marées

– Les marées sont le résultat de l'attraction du Soleil et de la Lune sur les mers et les océans.

– Les coefficients de marée vont de 20 à 120.

– PM = pleine mer et BM = basse mer

– Les grandes marées coïncident avec l'équinoxe. Elles ont lieu à l'automne et au printemps.

– La durée qui sépare la marée haute de la marée basse est d'environ 6 h 15 minutes.

Mémento :
soleil – lune – 20 à 120 – PM – BM – 6 h 15′

La vraie signification de Volvo

Volvo vient du latin et signifie « je roule ».

10 capitales à connaître

Berne → Suisse
Beyrouth → Liban
Bichkek → Kirghizistan
Bissau → Guinée-Bissau
Bogota → Colombie
Brasilia → Brésil
Bratislava → Slovaquie
Brazzaville → République du Congo
Bridgetown → Barbade
Canberra → Australie

LEÇON 52

Hermaphrodite

Dans la mythologie, Hermaphrodite est le fils d'Hermès et d'Aphrodite. Son nom rassemble les noms de ses parents. Hermaphrodite était très beau. Alors qu'il se baignait dans une fontaine, Salmacis, la nymphe de la source s'éprit de lui. Elle demanda aux dieux de les unir dans un seul corps. Son vœu fut exaucé et ensemble, ils devinrent un être bisexué.

Mémento :
fils d'Hermès et d'Aphrodite – fontaine – la nymphe Salmacis – union

La racine grecque -zoo- (Zoo)

Zoo- signifie « animal ».
On retrouve cette racine dans les mots : protozoaire, zoologie, zoophilie...

4 mots pour jouer au golf

Par : Le nombre de coups théoriques fixé pour un trou.

Bogey : Faire un coup en dessous du par.

Rough : La partie d'un parcours de golf où l'herbe est la plus haute.

Fairway : La partie d'un parcours de golf où l'herbe est la plus courte.

Jumbo

Jumbo est le nom d'un grand éléphant du zoo de Londres. La presse lui consacra de nombreux reportages, le faisant connaître dans le monde entier. Cet éléphant est à l'origine de l'utilisation du mot jumbo pour désigner de nombreux objets de très grande taille, comme le Jumbo Jet (surnom du Boeing 747).

Mémento :
éléphant – zoo – Londres

Taillandier

Taillandier : Métier traditionnel consistant à fabriquer des objets tranchants (hache, couteau, scie...). Joseph Opinel était un taillandier savoyard.

Roosevelt, son Teddy Bear et son chapeau panama

Teddy est le diminutif de Theodore et le président américain Theodore Roosevelt était connu pour chasser l'ours, ce qui a donné le Teddy Bear.

Le chapeau panama est d'origine équatorienne mais il fut porté par Theodore Roosevelt lors de sa visite des chantiers du Canal de Panamá en 1906 et fut nommé « panama hat ».

Mémento :
Roosevelt – Teddy – chasseur d'ours – chapeau – panama -1906

Fatma – fatwa

Une fatma est une femme musulmane. Fatma vient de Fāṭima, le nom que portait la fille du Prophète.

Une fatwa est un décret religieux émis par un spécialiste de la loi islamique sur un cas douteux ou une question nouvelle. Elle touche des domaines variés : la fiscalité, l'alimentation, les rites religieux...

Derby

Derby était une course hippique qui se tenait chaque année en mai à Epsom. C'était la plus illustre et la plus considérable des réunions hippiques de l'Angleterre. Elle a été fondée en 1780 par Edward Smith-Stanley, 12e comte de Derby et est à l'origine du mot derby.

Mémento :
course hippique – Angleterre – 1780 – 12e comte de Derby

Tercet, dizain, quatrain, sizain

Tercet : poème ou strophe de trois vers
Quatrain : poème ou strophe de quatre vers
Sizain : poème ou strophe de six vers
Dizain : poème ou strophe de dix vers

LEÇON 53

Cerbère

Cerbère était un chien à trois têtes qui, dans la mythologie, gardait la porte des Enfers.

Sérendipité

Sérendipité : Découverte scientifique faite par accident ou par hasard et plus largement, découverte d'une chose autre que celle que l'on cherchait à l'instar de Christophe Colomb qui a découvert l'Amérique en cherchant à rejoindre l'Inde.

Mémento :
découverte par hasard

Roms, gipsies, gitans, gens du voyage, tsiganes...

Le terme **tsigane** est le terme générique pour désigner ces communautés.

Le terme **gitan** désigne les tsiganes vivant en Espagne et dans le Sud de la France.

Le terme **Roms** désigne le plus souvent les tsiganes d'Europe centrale et orientale. Il ne faut pas confondre les Roms et les Roumains.

La dénomination « **gens du voyage** » est issue de la loi du 3 janvier 1969 sur les personnes n'ayant ni domicile ni résidence fixe de plus de six mois dans un État membre de l'Union européenne.

Le terme **gipsy** signifie gitan en anglais.

Les **bohémiens** étaient le nom le plus couramment employé en France pour désigner ces populations aux XVIe, XVIIe et XVIIIe siècles. Ce nom viendrait de l'empereur Sigismond qui était aussi roi de Bohême (une région historique d'Europe centrale, située aujourd'hui principalement en République tchèque). En 1418, il leur donna des lettres de protection. La dénomination de bohémiens remonte sans doute à cette époque.

Mémento :
tsigane – terme générique – gitan d'Espagne – Roms d'Europe de l'Est – gens du voyage dénomination issue de loi du 3 janvier 1969 – gipsies en anglais – bohémiens – roi de Bohême – lettres de protection – 1418

Les 2 choses à savoir sur le Dow Jones

– Les journalistes Charles Dow et Edward Jones ont créé cet indice boursier en 1896.

– Il est calculé à partir des cours de grandes entreprises américaines.

Chauvin

Nicolas Chauvin était un soldat français imaginaire qui faisait preuve d'un patriotisme aveugle à l'égard de Napoléon. Chauvin est devenu le nom de celui qui a des sentiments exagérés et ridicules de patriotisme et de guerre. On doit à ce soldat l'adjectif chauvin et le chauvinisme.

Mémento :
soldat imaginaire – patriotisme – Napoléon

Dédale

Dédale est un Athénien et un personnage de la mythologie grecque. Il était sculpteur, inventeur et architecte. C'est lui qui a conçu le labyrinthe pour enfermer le Minotaure.

Mémento :
Dédale – architecte – labyrinthe – Minotaure

Le code sur les œufs

Des chiffres sont imprimés sur la coquille des œufs vendus dans le commerce (ex. : 3 FR TSE 01). Le premier chiffre donne une indication essentielle puisqu'il indique les conditions d'élevage.

0 = élevage biologique : L'alimentation des poules est bio. Elles ont accès à un parcours herbeux dans la journée. La densité dans les bâtiments est limitée à 6 poules par mètre carré.

1 = élevage en plein air : L'expression « plein air » signifie que les poules ont obligatoirement accès à un parcours plein air de 4 m² minimum chacune pendant la journée.

2 = élevage au sol : Les poules sont élevées dans des bâtiments identiques à ceux de l'élevage en plein air, à raison de 9 poules par mètre carré, mais elles ne sortent pas du bâtiment.

3 = élevage en cages : Les poules sont élevées dans un bâtiment, dans des cages. Ce mode de production représente 80 % de la production française.

Mémento :
0 = bio – 1 = plein air – 2 = au sol – 3 = cages

La racine grecque -thèque- (Bibliothèque)

Thèque- signifie « armoire ».

On retrouve cette racine dans les mots : discothèque, pinacothèque, logithèque...

8 dates de publication de grands livres

1939 : *Dix petits nègres* – Agatha Christie
1942 : *L'Étranger* – Albert Camus
1951 : *L'Attrape-cœurs* – J.D. Salinger
1952 : *Le Vieil Homme et la Mer* – Ernest Hemingway
1955 : *Le Seigneur des anneaux* – J.R.R. Tolkien
1955 : *Lolita* – Vladimir Nabokov
1957 : *Sur la route* – Jack Kerouac
1962 : *Vol au-dessus d'un nid de coucou* – Ken Kesey

LEÇON 54

Idoine

Idoine : Qui est approprié. Qui convient parfaitement à une situation donnée.

8 réalisateurs de films cultes

Alien, le huitième passager	1979 – Ridley Scott
Autant en emporte le vent	1939 – Victor Fleming
Bullit	1968 – Peter Yates
Certains l'aiment chaud	1959 – Billy Wilder
Citizen Kane	1941 – Orson Welles
Dirty Dancing	1987 – Emile Ardolino
Easy Rider	1969 – Dennis Hopper
Fight Club	1999 – David Fincher

Le monoï

L'huile de monoï est un produit traditionnel de Polynésie. Elle est fabriquée en laissant macérer pendant plusieurs jours des fleurs de tiaré dans de l'huile raffinée de coprah (la chair blanche de la noix de coco). La fleur de tiaré est celle que les Tahitiennes glissent dans leurs cheveux. En tahitien, tiaré signifie « fleur », ainsi lorsque l'on dit fleur de tiaré, on dit en réalité « fleur de fleur »...

Encablure

Encablure : Un mot que l'on utilise surtout dans l'expression « à quelques encablures de l'arrivée ». L'encablure est une ancienne unité de mesure utilisée par les marins. Elle correspondait à cent vingt brasses, soit environ deux cents mètres. Une brasse = 1,66 m.

Oui, je parle latin : *Ad vitam aeternam*

En latin : « pour la vie éternelle ».

Les crevettes du Cameroun

En 1472, le navigateur et explorateur portugais Fernando Pó s'aventura sur la côte ouest de l'Afrique. Il explora l'estuaire du Wouri au Cameroun. Épatés par la grande quantité de crevettes présentes à l'embouchure du fleuve, les marins le surnommèrent « Rio dos Camarões » (la rivière des crevettes). C'est de là que provient le nom Cameroun.

Ne pas confondre :

Un mile | Un mille | Un nœud

Un mile terrestre	= 1 609 mètres
Un mille marin	= 1 852 mètres
Un nœud	= une vitesse de 1 mille marin à l'heure (1 852 m/h)

Hudson river

Le 2 septembre 1609, Henry Hudson est à la recherche du passage du Nord-Ouest et entre dans une immense baie protégée au nord-est de l'Amérique. Il vient de découvrir le plus beau port naturel de l'océan Atlantique, celui de New York. Il va donner son nom à l'Hudson, un fleuve qui coule principalement dans l'État de New York et dont l'embouchure est située au niveau de la ville de New York. On en a beaucoup parlé en 2009 lorsqu'un Airbus a « amerri » sur le fleuve.

Les records du monde en athlétisme

100 m : 9 s 58

Usain Bolt (Jamaïque) – Championnats du monde Berlin – 16 août 2009

200 m : 19 s 19

Usain Bolt (Jamaïque) – Championnats du monde Berlin – 20 août 2009

400 m : 43 s 18

Michael Johnson (États-Unis) – Championnats du monde Séville – 26 août 1999

Saut en hauteur : 2,45 m

Javier Sotomayor (Cuba) – Salamanque – 27 juillet 1993

Saut à la perche : 6,14 m

Sergueï Bubka (Ukraine) – Meeting de Sestrières (Italie) – 31 juillet 1994

Saut en longueur : 8,95 m

Mike Powell (États-Unis) – Championnats du monde Tokyo – 30 août 1991

Marathon : 2 h 3 min 23 s

Wilson Kipsang (Kenya) – Marathon de Berlin – 29 septembre 2013

LEÇON 55

8 réalisateurs de films cultes

Blade Runner	1982 – Ridley Scott
Forrest Gump	1994 – Robert Zemeckis
L'Exorciste	1973 – William Friedkin
La Fureur de vivre	1955 – Nicholas Ray
La Guerre des étoiles	1977 – George Lucas
La Mort aux trousses	1959 – Alfred Hitchcock
Le Bon, la Brute et le Truand	1966 – Sergio Leone
Le Cuirassé Potemkine	1925 – Sergueï Eisenstein

Les pays du Sud

Tonga signifie Sud en samoan. Les îles Tonga sont au sud des îles Samoa.

Yougoslavie, signifie les Slaves du Sud.

Vietnam signifie les Viets du Sud

Mémento :
Tonga – sud en samoan – Yougoslavie – les Slaves du Sud – Vietnam – les Viets du Sud

La loi Lang

Le 1er janvier 1982, la loi sur le prix unique du livre, que l'on appelle loi Lang est entrée en vigueur. Elle a imposé un prix unique sur chaque livre vendu en France. L'éditeur est tenu de fixer pour son livre un prix de vente au public. Depuis, que le livre soit vendu dans un supermarché, dans une librairie ou en ligne, il devra être au même prix partout. Les détaillants qui le souhaitent peuvent toutefois accorder un rabais mais celui-ci ne peut pas dépasser 5 % du prix déterminé par l'éditeur. Sans cette loi, la situation en France serait probablement similaire à celle d'autres pays. Au Royaume-Uni, les best-sellers sont vendus avec des rabais le plus souvent compris entre 50 et 60 %. Les Anglais ne payent pas pour autant leurs livres deux fois moins cher que les Français puisque le prix inscrit sur la couverture par un éditeur anglais est toujours gonflé de façon à pouvoir présenter une remise aussi importante qu'alléchante.

Les petites phrases politiques

Des petites phrases connues de tous, mais dont on a parfois oublié le contexte et l'année :

« Qu'est-ce qu'il y a encore comme problème ? Je commence à en avoir assez. What do you want ? Do you

want me to go back to my plane and go back to France ? Is that what you want ? So let them go, let them do. No ! No danger ! This is not a method, this is provocation. Would you stop now ! »
Prononcée par Jacques Chirac, en 1996 au cours d'une visite en Israël.

« Vous n'avez pas le monopole du cœur. »
Prononcée par Valéry Giscard d'Estaing, le 10 mai 1974 lors du débat de l'entre-deux-tours avec François Mitterrand.

« Au revoir. »
Prononcée par Valéry Giscard d'Estaing, le 19 mai 1981 pour clore le discours télévisé de la fin de son mandat.

« Je vous demande de vous arrêter. »
Prononcée par Édouard Balladur, le 23 avril 1995 alors qu'il annonce le résultat du premier tour de l'élection présidentielle, c'est-à-dire la présence de M. Jospin et M. Chirac au second tour.

Une voile aurique

Aurique : Terme de marine. Il se dit des voiles qui ont quatre côtés, sans être carrées. Une voile aurique, un gréement aurique...

Dzud

Dzud : Mot mongol pour qualifier des conditions météorologiques très froides avec beaucoup de neige. Le *dzud* empêche le bétail de trouver sa nourriture dans la neige et provoque la mort de troupeaux entiers. En raison du réchauffement climatique, le phénomène est de plus en plus fréquent.

Mémento :
les prairies – Mongolie – phénomène météorologique

8 réalisateurs de films cultes

Le Dictateur	1940 – Charlie Chaplin
Le Parrain	1972 – Francis Ford Coppola
Le Pont de la rivière Kwaï	1957 – David Lean
Le Silence des agneaux	1991 – Jonathan Demme
Les Dents de la mer	1975 – Steven Spielberg
Mad Max	1979 – George Miller
Metropolis	1927 – Fritz Lang
Piège de cristal	1988 – John McTiernan

Lamaserie

Lamaserie : Couvent de lamas. Au Tibet et en Mongolie, on appelle lamas les prêtres et les moines bouddhistes.

Ne pas confondre :
Corsaire | Pirate

Corsaire : Vaisseau armé par des particuliers, mais avec l'autorisation du gouvernement.

Pirate : Qui n'a de commission d'aucun gouvernement, et qui court les mers pour piller.

Sari

Sari : Vêtement traditionnel porté par les femmes sri-lankaises et indiennes. Le sari est une étoffe de 5 à 6 mètres de long.

Trois laines haut de gamme

La laine cachemire est obtenue à partir de la chèvre du Cachemire.

Le mérinos est un mouton dont la toison est dense et bouclée.

L'angora provient du yack, du mouton angora ou du lapin angora.

Mémento :
cachemire = chèvre – mérinos = mouton

Idiosyncrasie

Idiosyncrasie : Selon le dictionnaire de l'Académie française, l'idiosyncrasie est l' « ensemble des dispositions affectives et intellectuelles qui composent la personnalité d'un individu ; façon de réagir, tempérament propre à chacun.»

LEÇON 57

8 dates de publication de grands livres

1597 : *Roméo et Juliette* – William Shakespeare

1637 : *Le Cid* – Pierre Corneille

1670 : *Le Bourgeois gentilhomme* – J.-B. Poquelin dit Molière

1719 : *Robinson Crusoé* – Daniel Defoe

1726 : *Les Voyages de Gulliver* – Jonathan Swift

1813 : *Orgueil et Préjugés* – Jane Austen

1818 : *Frankenstein* – Mary Shelley

1831 : *Notre-Dame de Paris* – Victor Hugo

Ne pas confondre :

Kolkhozes | Sovkhozes

Le kolkhoze était, dans l'ex-URSS, une coopérative agricole qui consistait à mettre en commun les terres, les outils et le bétail entre plusieurs propriétés. Le sovkhoze était une ferme d'État.

Mémento :
coopérative agricole – ferme d'État

La racine grecque -nès(i)e- (Polynésie)

Nès(i)e- signifie « île ».

On retrouve cette racine dans les mots : Mélanésie, Micronésie...

Döner kebab

En turc, döner signifie « rotatif » et kebab signifie « grillade ». Ainsi, döner kebab signifie « grillade rotative » ou « grillade tournante ». On parle aussi de şiş kebab. Le mot turc şiş signifie « broche ».

Las Vegas

Las Vegas signifie « les prairies » ou « les vallées fertiles » à cause de l'eau présente dans le sous-sol à cet endroit du désert, ce qui n'empêche pas Las Vegas de manquer aujourd'hui cruellement d'eau.

Mémento :
les prairies

Le rocher de Sisyphe

Sisyphe est un personnage mythologique, condamné, dans les Enfers, à porter sur le haut d'une montagne un rocher énorme, qui redescend illico sitôt qu'il est placé sur le sommet.

Mémento :
rocher – montagne – redescend illico

Le mur du son

Le mur du son est une onde de choc qui se produit à 1 225 km/h, ce qui correspond aussi à la vitesse du son. Le son parcourt 340 mètres par seconde.

Mémento :
1 225 km/h – 340 m/s

Le label Motown

La Motown est légendaire car cette compagnie de disques a produit de nombreux artistes qui ont marqué l'histoire de la musique, tels Michael Jackson, The Jackson Five, Diana Ross, Marvin Gaye, Stevie Wonder... La Motown a été créée en 1959 à Detroit. Cette ville était le cœur de l'industrie automobile américaine et était surnommée Motor Town (« la ville du moteur »). Motown est la contraction de Motor Town.

Mémento :
Detroit – 1959 – Motor Town

LEÇON 58

8 dates de publication de grands livres

1939 : *Dix petits nègres* – Agatha Christie

1942 : *L'Étranger* – Albert Camus

1951 : *L'Attrape-cœurs* – J.D. Salinger

1952 : *Le Vieil Homme et la Mer* – Ernest Hemingway

1955 : *Le Seigneur des anneaux* – J.R.R. Tolkien

1955 : *Lolita* – Vladimir Nabokov

1957 : *Sur la route* – Jack Kerouac

1962 : *Vol au-dessus d'un nid de coucou* – Ken Kesey

4 vents

Le noroît : Un vent venant du nord-ouest.

Le suroît : Un vent venant du sud-ouest.

Le nordet : Un vent en provenance du nord-est.

Le suret : Un vent en provenance du sud-est.

L'épée de Damoclès

Denys était un tyran à Syracuse (une colonie grecque). D'un tempérament inquiet, il s'était entouré de courtisans. Damoclès était l'un d'eux et il rappelait constamment à Denys la chance qu'il avait d'être le tyran de Syracuse ce qui finit par l'agacer. Il proposa donc à Damoclès de prendre sa place pour une journée. Au cours du banquet, Damoclès leva les yeux et vit qu'une épée était suspendue au-dessus de sa tête. Elle était retenue uniquement par un crin de cheval. (Dans d'autres versions, cette épée est tenue par le tyran Denys lui-même). Denys démontra ainsi à Damoclès que sa position avait deux facettes : les délices du pouvoir s'accompagnant du risque de mourir à tout moment.

Mémento :
Denys le tyran – Syracuse – crin de cheval

Les pays qui se terminent par *Stan*

Kazakhstan, Ouzbékistan, Turkménistan... de nombreux pays d'Asie centrale se terminent par le suffixe « stan ». Il est d'origine perse et signifie « pays » ou « territoire ». Ainsi, Ouzbékistan signifie pays des Ouzbeks, Kazakhstan signifie pays des Kazakhs...

Mémento : -stan – un pays ou un territoire

Les grands auteurs français du XVIIe siècle

Une phrase mnémotechnique permet de mémoriser les auteurs français du XVIIe siècle. La voici : « Sur une racine de la bruyère, une corneille boit l'eau de la fontaine Molière. »

(*Remarque :* La fontaine Molière est une fontaine à Paris.)

La date où tout a changé : le 1er avril 1976

Apple a été créée à Cupertino le 1er avril 1976, par Steve Jobs, Steve Wozniak et Ronald Wayne afin de vendre un ordinateur personnel en kit, l'Apple *I*.

Retour sur le théorème de Pythagore

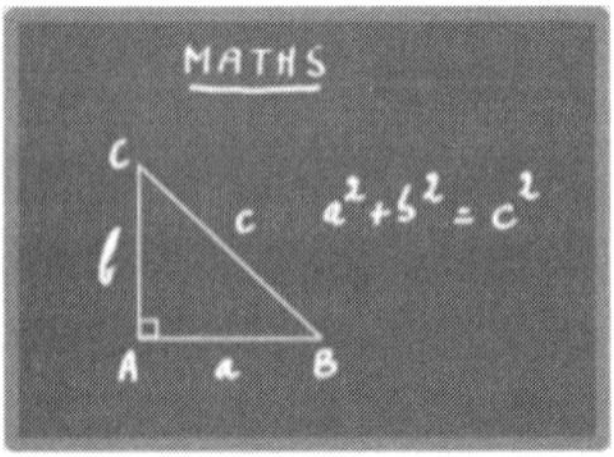

Dans un triangle rectangle, le carré de la longueur de l'hypoténuse est égal à la somme des carrés des longueurs des deux autres côtés.

GRÂCE À NOTRE COLLECTION 2'33", BOOSTEZ VOS NEURONES !

2'33" pour bosser mes exercices d'anglais,
Enzo Matthews

2'33" pour réviser mes leçons d'espagnol,
David Tarradas Agea

À paraître :

– *2'33" pour réviser mes leçons d'anglais*,
Enzo Matthews, mars 2018.

Achevé d'imprimer en Espagne
par Novoprint
Dépôt légal : mars 2018